日々初心、今がすべて

福聚山慈眼寺住職
大峯千日回峰行大行満大阿闍
塩沼亮潤

三笠書房

迷い、不安、悩み、怒り……
苦労は
どんな人にも
おとずれるものです。

やまない雨はないように、
苦しい状況は
必ず変化していきます。

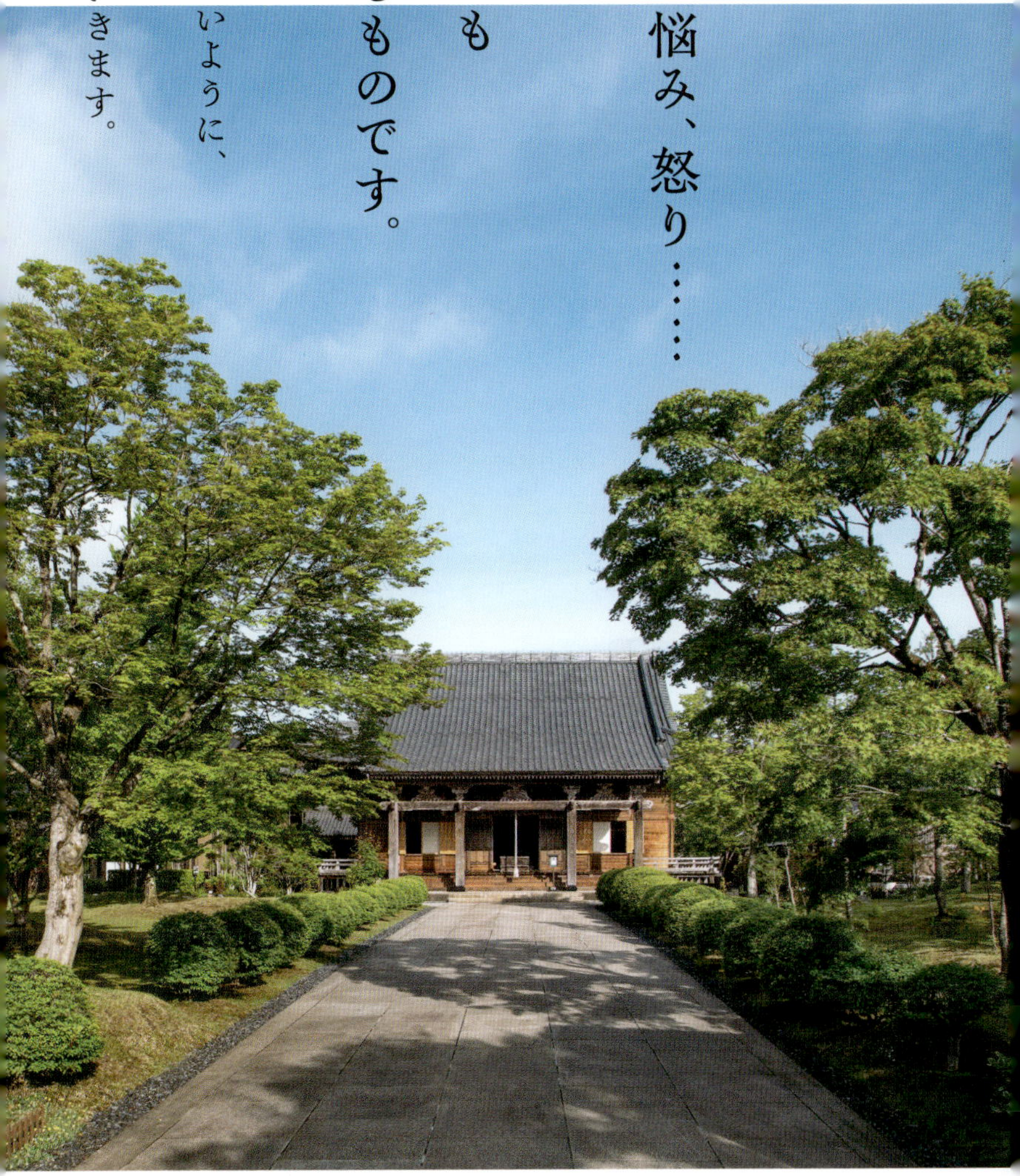

心の針は いつも 明るい方向へ。

今日「いま」のこの瞬間を
大事にしましょう。
あなたの
目の前にいる人を
幸せにしましょう。

福聚山《ふくじゅさん》　慈眼寺《じげんじ》

大峯千日回峰行満行後、塩沼亮潤大阿闍梨は、ふるさと仙台の秋保に慈眼寺を建立。たくさんの福が集まり、慈しみの心でもって衆生を見守るお寺であって欲しいという願いを込めて、師匠の五條順教師より「福聚山慈眼寺」の寺号を授かる。

大《おお》峯《みね》千《せん》日《にち》回《かい》峰《ほう》行《ぎょう》

途中でやめることは許されない、
生と死が隣り合わせの修行。

たどり着けば
感謝の心
ただ一つ。

大峯千日回峰行

年間四カ月を行の期間と定め、標高差一三〇〇メートル超えの険しい山道を一日四八キロ、一日も休まず上り下りする修行。塩沼亮潤大阿闍梨は奈良県吉野山金峯山寺一三〇〇年の歴史で史上二人目となる大峯千日回峯行満行を果たす。

どんなことが
起ころうとも、
あせらずに、
謙虚に、素直に、
心を込めて生きる。

そこから
道が開けてくる。

護摩修法

密教の秘法。火中に願いの書かれた護摩木を投じて御祈禱する。その火によって私たちの煩悩を焼き尽くし、清らかな心になることで、除災招福、開運厄除の成就を祈願する。慈眼寺では、毎月第三日曜日、十三時より、塩沼亮潤大阿闍梨による護摩修法が行われる。

日々初心、今日がすべて。

「人との縁」は
仏さまが
つかわしてくれたもの。

私たちの心の動きを
仏さまは天から見ているのです。

◎はじめに

人生とは何なのか。よく生きるとはどういうことなのか。

答えをもっている人、いない人、わからないという人、さまざまだと思います。

しかし明らかなのは、今日という日がすでにはじまっていて、今この瞬間をあなたが生きているという事実です。

いくら昔のことを悔やんでも、やり直すことはできません。明日はどうなるかわかりません。過去や未来のことばかりに目を向けるのではなく、今やれることを精一杯、丁寧に、誠実に生きること。それが大切なのです。

私は、日々の掃除や挨拶、時間を守ることなど、ごく当たり前のことを大事にしながら生活しています。その心がけは十九歳の小僧の頃となんら変わっていません。

日々初心。毎朝、目を覚ますたびに、生まれ変わった気持ちで、熱い情熱をもって一日をスタートします。

「なぜ」「どうして」と心が迷いそうになったときも、心のどこか片隅で、小さな努力の炎を絶やしてはいけません。たとえどんなに小さな炎であろうと、その気持ちがあれば、いつか必ず突き抜ける日がきます。

私たちにとって人生で一番の「行」とは、人と人とのかかわり合いだと思います。おそらくこの行をするために人は生まれてくるのではないでしょうか。

さまざまな人間関係の中で、迷い、苦しみ、ぶつかり合いながら自分の心を磨いていく。最後のひと息まで、この修行は続きます。

本書は、『心を込めて生きる』（ＰＨＰ研究所）をもとに、新たなお話も加え書き綴りました。少しでも皆様の人生の「行」にお役立ていただけましたなら、こんなに幸いなことはありません。

塩沼亮潤

日々初心、今がすべて

目次

第1章 苦難はどんな人にもやってくる

第2章

「人との縁」は仏さまがつかわしてくれたもの

第3章

大峯千日回峰行《おおみねせんにちかいほうぎょう》

第4章

心の針はいつも明るい方向へ

第5章

「老い」「病気」「死」にどう向き合うか

第6章

日々初心、今日がすべて

口絵写真　川上輝明
　　　　　福田英世

企画・編集　本田裕子
編集協力　木村博美

第1章

苦難は
どんな人にもやってくる

人生の「四苦八苦」は平等におとずれる

どんな人でも心のもちようで幸せになれます。これは断言できます。しかしそこにいたるまでは誰もが四苦八苦。日々生きていれば、私たちはさまざまな苦難に直面します。そのときに心の中に生じる迷いや不安、悩み、怒りなどとどう向き合って、自分の心をどう深く掘り下げて成長させるか。それが「人生の行」であり、実に大変なものです。

「四苦八苦」はもともと仏教に由来する言葉です。

「四苦」とは、「生老病死《しょうろうびょうし》」の四つの苦しみを指します。この苦しみを、誰もが背負っていると言われています。

人はこの世に生まれ老いることも病むことも避けられず、いつか必ず死を迎えます。この生老病死は、人間がいくら努力しても逃れることができない苦しみです。

そして、生老病死に加えて、あともう四つの苦しみがあるというのです。

愛別離苦《あいべつりく》…愛する人ともいつかは必ず別れなければならない
怨憎会苦《おんぞうえく》…憎しみや恨みを抱いてしまう人と出会ってしまう
求不得苦《ぐふとっく》…欲しいものが得られない
五蘊盛苦《ごうんじょうく》…心身を思うようにコントロールできない

これらの苦しみとともに、私たちは人生を歩まなければなりません。

後悔するより、心から反省する

迷いの中で生きている人間は、言葉で人を傷つけたり、態度で人を悲しませてしまったりと、知らず知らずのうちに相手に不快な思いをさせているものです。自分の胸に手を当て、過去のことを振り返ってみたときに、誰にでも一つや二つは、思い当たることがあるのではないでしょうか。

しかし、後悔しても時間はもどりません。

それより、「本当に悪かった」と心から反省すること。そして、二度と同じ失敗を繰り返さないという深い懺悔のもと、よい方向へ、明るい方向へと、あせらず、少しずつ、与えられた環境の中で一歩一歩努力していくことが肝心だと思います。

誰でもわがままな心をもっている

人間というのは、「ああなりたい、こうなりたい」「あれが欲しい、これが欲しい」「あの人が嫌い、この人が嫌い」と、とてもわがままなものです。自分自身を振り返ってみても、昔はとてもわがままだったなあと思います。

過去には私も「もっと自分のことを理解してほしい」「自分はこう思っているのに、なぜわかってくれないのだろう」などと思い悩んだりすることもありましたが、そういう自我の強いところを一つひとつ改めてきました。

お坊さんでも一般の方でも、人は生まれてから死ぬまでが修行です。オギャーと生まれて、やがてあの世に旅立つまでのこの人生は、自分の心を磨くための修行の期間なのです。

心の殻を割る。まずはそこから

一人静かに目を瞑《つむ》り、自分の記憶をたどっていくと、子供の頃の自分、それも一番幼い頃の無邪気な自分にたどり着くと思います。

無邪気とは、邪《よこしま》な心がないということですが、子供の頃は、やさしく、素直な心が誰にもあったはずです。また大人になった今でも、心の中には本来のやさしく無邪気な心があるはずです。その心をどうにか取りもどし、言葉や行動の中で素直に表現していくことが、今、失われた家庭や社会の絆を取りもどすために極めて大切です。

私が昔、お寺で朝ご飯のあと、みんなで囲炉裏を囲んで、クルミの殻を割り、いただいていたときのことです。ふと、私たちの心もこのクルミと同じだなと思いました。

本来、誰にでもこのクルミの実のようにやさしくて純粋な心があるにもかかわらず、つい自分の感情をあらわにしてしまったり、つまらない意地を張ったりして堅い殻をつくり、本来の心のよい部分を出せずに生きているのではないだろうか、と。

自分の心に堅い殻があり、相手の心にも堅い殻があれば、うまくコミュニケーションがとれません。たとえば、「大変な時代だから、みんなで助け合って社会をよくしていきましょう」といくら話し合っても、空転するばかりで、何年経っても現状は変わらないでしょう。

私たちがもっている真の心を伝え合うためには、それぞれに自分の堅い心の殻を割らなければなりません。

自分の心の奥底にある思いやりの心や、やさしい心、純粋な心を覆《おお》う「我」。そういったものや「欲」を取り除いていくと、心がきれいになって、心と心、人と人とが通じ合うようになります。私利私欲なく、自分の心を素直に表現すれば、少しずつまわりの人にその真の心が伝わっていきます。

「あの人といると心が明るくなる」「あの人といると幸せな気持ちになる」と言われるような人になれたら、とてもすばらしいことです。そういう人がたくさん増えていくことが、私たちの心の潤いになります。心が潤っていれば、困難な時代もみんなで力を合わせ、乗り切ることができるのです。

自分の欠点を人に指摘されたときがチャンス

最初のうちは心の殻をどのように割ったらいいのかまったくわからず、悩み迷う日々が続きます。自分の悪いところに気がついても、なかなか思った通りに心がいうことを聞いてくれません。

そのうち、日々の雑事に取り紛れていきます。そうして、いつの間にかまた「自分だけがよくなりたい」という自我が頭をもたげてきて、自分の思い通りにならないと世間を恨んだり他人を妬《ねた》んだり、私たち本来の心のあり方とは反対のことをしてしまいます。しかし、このままではいけないとふと思い出し、また心の殻を割りたくなります。

鶏が卵からかえるとき、ひなが内側から自分のくちばしで卵の殻を割るところと、それを手助けするために親が外から突いてくれるところは、不思議と一致すると言われています。

自分が改善しなければならないところは、自分でよく気がついているはずです。それと同時に、まわりの人も、自分のことは棚に上げるものの、人の悪いところには意見をするものです。それを、イラっとして無視するのではなく、神仏の声だと素直に謙虚に受け止め、自分の心のまわりを覆った殻を打ち破るチャンスだと考えて、よく省みることで、本来の自分と出会うことができるのです。

人生は小さな行の積み重ね

私が十九歳のときに、奈良県吉野山の金峯山寺《きんぷせんじ》というお寺で、五條順教《ごじょうじゅんきょう》師のもと、修行がはじまりました。

「人生って一体なんだろう」「どういう心構えで生きていけばいいんだろう」と迷い、悶々としながらの日々でした。

お寺の修行というのは、毎日毎日、同じことの繰り返しです。なぜ繰り返し同じことをするのかと言うと、お釈迦さまが、同じことを精一杯繰り返し行《ぎょう》じていると、悟りにいたる可能性があるとおっしゃったからです。それゆえに一年を通して同じことを同じように行じ、生活させていただくわけです。

朝四時半に起きて掃除をして、仏さまの前で、「自分の心が少しでも成長しますように。また、皆さまが幸せでありますように」と祈りながら勤行《ごんぎょう》を行い、作務《さむ》というお寺の仕事や掃除、お勉強（漢文、仏教学、梵字、弓道、茶道、書道等の学びを深めます）をして、夕方になると、また勤行をして、ご飯をいただき、一日が終わります。春夏秋冬一年を通して、同じような日々が続きます。

お経のことも、修行のことも、作法のことも、何もわからないところからはじまり、「ああでもない、こうでもない」と毎日叱られながら教えていただきます。それは、作法や決まりごとだけでなく、日常生活の、立つ、座る、歩く、食べるという、当たり前のことにいたるまで、厳しく訓示されます。

たとえどんなに叱られたとしても、自分の感情を表に出すことはできません。当たり前のことができないのですから、まちがっているところを正されて当然であり、当たり前のことができるようになるために、同じことを同じようにさせていただく、というだけのことです。

「安定した心」を養う訓練

小僧時代の修行は、とても大切です。

今日より明日、明日より明後日と、心のどこかで常に向上心をもっていなければ、成長しません。

お寺では毎朝六時と夕方五時に、一時間ほどかかる勤行《ごんぎょう》をしますが、修行をはじめたばかりの頃は、お経はもちろん、木魚《もくぎょ》や鐘、太鼓の叩き方の基本もわかりません。「一通り覚えたかな」と言われるまでにはしばらく時間がかかり、半年、一年と経って、やっと少し安定した形になってきます。

これは、自分の気持ちや体調に左右されない、安定した心を養う訓練の一つでもあります。どんな状況におかれても動じない心を目指して、一つひとつを積み重ねていく根気が必要になります。

また不思議なものですが、太鼓にしても木魚にしても、同じものを使っていても、一〇人いれば一〇人みんな音がちがいます。お堂の外にいても、音を聴いただけで、木魚や太鼓を誰が叩いているかがわかります。

なぜわかるのかと聞かれましても、言葉で説明することはむずかしいのですが、おそらくそのちがいは、日々の行を積み重ねていくことでその人の内面からにじみ出てくるものではないかと思います。

五年の修行を積んだ人には、五年間の人生の味が出て、十年の修行を積んだ人には、十年間のつらさを乗り越えてきた重みが出てくるということです。

力を出しきれば、一つの徳が授けられる

ふわふわと風に吹かれた一粒の種が、やがて自分のおさまるべきところにおさまり、風雪に耐えながら大きく生長して、より深く根を下ろす。そうした一本の大木

のごとく、私たちも日々の行を行じていかなければなりません。

精一杯行じても一日は一日、ただ行じても一日は一日です。精一杯力を出しきれば、一つの徳が授けられます。「いやだな」と思って心を切り替えられずにいやいややれば、次のステップには進みません。

一カ月や二カ月ならば、たいした差にはなりませんが、一年経てば、三六五日の差が出てしまいます。行というものは、日々をおろそかにしていると、ややもすれば先輩と後輩の徳が逆になることもありうるわけです。


これは、お寺や行の世界だけではなく、私たちの日常すべてに通じるところがあります。

学校や会社でも、今日という日に私たちがやらなければならない務めがあります。しんどいことも落ち込むこともあるでしょうが、常に心を明るくもち、前向きにチャレンジして、一つひとつ積み重ねていくことです。

そして、十年という歳月が流れて、自分自身を振り返ってみたときには、すでに三六五の徳が積み重なっていることになります。日々の努力というものは、とてもとても大切なものなのです。

もう一つ、忘れてはいけないのは、自分の目標の達成ばかりを考えていると、つい自分を支えてくれているまわりの人たちに対しても厳しくなってしまい、心が行き届かなくなってしまうことです。

ですから、自分の大きな夢や目標を見つめつつ、常に気配り、心配り、思いやりを大切にしながら一日一日を積み重ねていくことによって、徳が身につき、よい結果を得られるのだと思います。

人を幸せにすることが自分の幸せになる

行を重ね、自分が精一杯努力をして成長し、また、皆さまに喜んでいただけたときには、なんともいえない喜びを感じます。修行には、そういう両面の恵みがあります。

自分の心を成長させるための修行を「自利《じり》の行」と言い、皆さまのために行ずる修行を「利他《りた》の行」と言います。

「上求菩提《じょうぐぼだい》、下化衆生《げけしゅじょう》」という言葉があります。わかりやすく言えば、自己のために悟りを求め、皆さまのために法を説いて、迷いの世界から悟りの世界へ導くということです。自分を利するということは、他を利することにもつながるのです。

修行とは、みずからの心を省みて、みずからの行いを慎み、それによって得た一つの境地によって、少しでも皆さまが幸せになりますように、と願うことです。

プラスアルファの力を引き出す集中力

修験道《しゅげんどう》では「護摩《ごま》」を修法します。護摩とは、古くはインドで行われていた祭祀法を取り入れたもので、仏教流派の一つである密教では護摩壇を設け、護摩木を焚いて皆さまのために祈ります。

智恵（真理を明らかにして、悟りを開く働き）の火で煩悩の薪を焚《た》くという儀式ですが、私が建立した慈眼寺《じげんじ》（仙台市太白区秋保）でも、毎月第三日曜日十三時から護摩を修法させていただいております。約一時間、精神を集中させ、一切の妄念から離れて、至心に修法させていただきます。

護摩を修法する行者だけではなく、お経を唱え、太鼓を叩く修行僧の心と、お参りをしている皆さまの心が一つになってはじめて、よい護摩になります。また、その時間だけでなく、日々の行を礎《いしずえ》に前日から心の準備をして護摩に挑みます。毎回、時間がくると、修行僧とともに気合いを入れ、護摩に入ります。

護摩は毎回同じ作法ですが、同じ護摩はありません。その日の天気や湿度、風の流れによって、炎の上がり方がさまざまに変化します。どんな変化にも動じることなく、精一杯、最善を尽くさせていただきます。集中力を高め、自分が出せる力を極限にまで引き出しての一時間、ある意味、自分自身との闘いでもあります。気が遠くなるほど、倒れそうになるほど、自分自身を追い込まなければ、よい護摩にはなりません。

たとえば、自分の集中力に一〇〇の段階があるとしますと、スタートしてから、一、二、三……一〇、二〇、三〇と、高まっていって最終的に一〇〇になるのではなく、スタートの時点で一〇〇の土台に高まっていなければなりません。精神を集中し、一〇〇の土台からはじまるからこそ、プラスアルファの不可思議な力が出て、よい結果につながるのです。

誰でも自分に対する点数は甘い

あるとき、このように言う人がいました。

「自分なりに精一杯がんばっているんですが、なかなか結果が出ないんです」

おそらく、自分はがんばっていないと思っている人はそうはいないでしょう。誰でも自分に対する点数は甘いものです。

しかし、「自分なりに精一杯がんばっているつもり」の努力のレベルが、人から望まれているレベルと同じかそれ以上でなければ、人の心を感動させることはできません。

このことは、すべての分野に通じることです。宗教の世界だけでなく、料理、芸術、スポーツ、学問など、すべて同じことだと思います。ある心理学者によれば、人間は精一杯がんばったと思っていても、本来もっている力のうち、ほんの数パーセントの力しか使っていないと言います。

どんな仕事でもそうだと思いますが、精神的、肉体的に一〇〇パーセントの土台に乗っている状態で、そこからプラスアルファの不可思議な力が出たときにはじめて人の心を動かし、みなさまに感動してもらえます。自分の限界を押し上げるような努力をするからこそ、自己の成長もあるのです。

少し息切れしそうなお話になってしまいましたが、「上求菩提《じょうぐぼだい》、下化衆生《げけしゅじょう》」の心で、精一杯努力をさせていただき、皆さまにも喜んでいただく。これはお坊さんだけでなく、すべての人の仕事に共通することだと、改めて思います。

忘れて、捨てて、許しきる

生きていれば、悩みはつきものです。悩みというのは、心が何かに執《と》らわれている状態です。「これは苦手だな」「この人はどうしても好きになれないな」と考えるのは、対象となる物や相手に執らわれてしまっているからです。

一つのことに執らわれて、なぜ、どうして、と思えば思うほど深みにはまって、ますます執着心が強くなっていきます。たった一つの執着によって、自分の人生が思いもよらない方向へ進んでしまうことも少なくありません。

たとえば私が、人生の悟りを目指す一艘《いっそう》の小舟だとします。

百八つの煩悩や我と言われるものに執らわれていたなら、小舟は大海原に船出することができません。一つでも執着するものがあれば、それに引っ張られて全速力で前に進めませんし、方向が狂います。あらゆる執着心を一つひとつ、自分でチョキン、チョキンと切り離していかなければ、思うように進むことはできません。

どうやって切っていくかというと、むずかしいことですが、あらゆる執着を忘れて、捨てて、許すことです。

マイナスの心は一度ぐっとこらえ、思いきって忘れて、捨ててしまう。そして、どんなことがあっても人を恨まず、嫌わず、広い心で許す。それしかありません。そうすることが、ひいては自分の人生に幸福をもたらすのです。

相手を変えるのではなく、まず自分が変わったそのときに、まわりが変わりはじめ、人生も変わっていきます。

すぐに実行するのはむずかしいかもしれませんが、誰にでもできるタイミングが必ずやってきます。苦しいこともいつか、このためにあったのか、と感謝や喜びに変わるときがきっときます。

やまない雨はない

忘れたいのに忘れられず、捨てたいのに捨てられず、許したいのにどうしても許せない……。私も、ものすごく迷い苦しんで、どうしたらいいのかわからないぐらい悩みに悩んで修行していたときは、「一体いつになったら晴れ晴れとしたすがすがしい気持ちになるんだろう」と思ったものです。

しかし、本来、不要な執《と》らわれを捨て去ることによって、心にある葛藤が消え、はじめて大切な何かに気づくことができます。

昔から、手放すことが大事だと言われ続けてきたのは、私たちがさらにもう一つ成長するためなのでしょう。

これまで執らわれていたものをきれいさっぱり洗い流すと、また、自分の前に新しい一日、晴れやかな人生の朝がおとずれます。迷いの世界に心が執らわれているうちは、また心が曇ることもありますが、嵐がいつまでもその場にとどまらないように、また、やまない雨はないように、やがて、いつしか晴れ晴れとした心地よい穏やかな世界へと、流れる時間とともに人は生まれ変わります。

どんなに苦しい状況も必ず変化していくものです。自分がそれに合わせて変化できれば、苦のとらえかたも変わります。

困難があるからこそ人は成長する

私は、困難こそが自分を高めてくれるのだ、と思っています。

奈良の吉野山の修行を終えて、お師匠さんのもとを離れたのは三十二歳のときでした。そのまま本山でつとめていれば、僧侶としての生活は安定していたかもしれませんが、それでは「井の中の蛙になる」と考えたのです。

そして故郷の仙台にもどり、お世話になった方たちに恩返しをするために、新しいお寺を建てることにしました。

母は私が帰郷する前に、

「修行はしたものの、単なる世間知らずです。どうぞ皆さん、亮潤を甘やかさないでください。二十年、三十年、四十年先を見越して、ぜひ鍛えてやってください」

とみんなにお願いしていたそうです。


そんなことはつゆ知らず、仙台に帰った私は、「世間はなんと厳しいものだ」と心底、思ったものです。

お山での行の間は、お師匠さんが衣食住のすべてを守ってくれていましたが、仙台では、つらいことや苦しいことがたくさん待っていました。

檀家もない、お葬式もしない、お墓もない、というスタイルですので、はじめはご飯を食べていくのも大変でした。

「何ができるの？」と言われたこともあります。

お山の暮らしとはちがって、里では日々、右か左か自分で判断して歩むべき進路を見いだして生きていかなければなりません。最初は本当に苦しかったのですが、困難に直面するたびに、「じゃあ、どうする？」と自分に問いかけ、工夫を重ね、壁を乗り越えてきました。

そして、「どうにかして、お寺を建てたい」と強く思い続けておりました。するど、不思議とご縁がつながっていき、いろいろな方たちのお力添えによって、数年後に秋保《あきう》という山の中に、今の慈眼寺を建立させていただくことができたのです。

いろいろな苦しみや悲しみがいい味つけになって、自分の心を成長させてくれたのだと思います。

深く胸に刻まれた母の言葉

私の母は、人として大切なことをたくさん教えてくれました。

「欲はできるだけ小さくしなさい。自分さえよければいい、というような考えは絶対にだめですよ」

何十回、何百回、言い聞かされたことでしょうか。日々の暮らしの中で、ことあるごとに叩き込まれました。

「約束は守って、嘘はつかない」

「言い訳はしない」

「絶対に目上の人に口答えをしてはいけません」

小さいときから言われていましたので、お山の修行に入ってから理解できないこと、納得できないことを命じられても、とりあえず「はい、がんばります」と答えて、わからないまま精一杯、努めました。

思えば、ほかの修行僧よりも私は幸せでした。親がしっかりと私の性格を見抜いて、向き合い育ててくれたおかげで、社会で信用を得ることができたのだと思います。


私が高校生の頃、母はこんなことも言っていました。

「友だちとつき合うときは、一切自分の利益を考えてはいけませんよ」

当時は意味がよくわかりませんでしたが、その言葉を胸に深く刻んで、人間関係で何かあるたびに思い出し、今日まで人生を歩むことができました。

「実るほど頭《こうべ》を垂れる稲穂かな」の意味を教えてくれたのも、母でした。思い返せば思い返すほど、感謝するほかありません。

よいことも悪いことも半分半分

私の経験から言いますと、人生はよいことも悪いことも半分半分です。つらいことも苦しいことも楽しいことも嬉しいことも、同じくらいめぐってきます。

ただ、何かのご縁でプラスのことをいただいても、それをマイナスに変えてしまう人もいれば、マイナスなことを与えられても、プラスに転じられる人もいるのです。

人生の流れの中で、与えられたものにいつも感謝の心をもって生きていればいいのですが、ついつい欲が出るときがあります。

仮に、人生が一〇としたら、その半分の五はよいこととします。二とか三ではなく五もあるのに、あとの五も欲しくなり、あの手この手を考えて、手を伸ばしてしまう場合があります。

当然これは、人生の流れの中でのご縁ではなく、自分から仕掛けた欲のあるものですから、「策士、策におぼれる」ではありませんが、後々かえって失敗し、自分がまいた種で苦しむことになります。

結局、人生の終着駅にたどり着いて、自分の人生を振り返ったとき、おそらく、よいことも悪いことも半分ずつなのです。

はじめから、よいこと半分、我慢も半分と考え、この日、この時、この一瞬をどうしようもなく大切に思う心が重要なのです。

一瞬一瞬、地に足をつけて、自分の人生を地道に歩むことです。

第2章

「人との縁」は仏さまがつかわしてくれたもの

「人生最大の行」は人間関係

この世に生を受けてあの世とやらに旅立つまでの人生には、出会いと別れが繰り返しおとずれます。

その出会いにも別れにも、すべてに意味があるように思えてなりません。

人と人、心と心が常に通い合っていれば、とても幸せな日々であると思います。

しかし、人にはそれぞれ異なる考えや感情がありますので、人間関係というものは、なかなか自分の思い通りになりません。この人間関係こそ、人として生を受けた私たちに与えられた、もっとも大切な行です。

隠しても「心の中」は必ず相手に伝わる

私たちは言葉や態度で自分の思いを伝えます。時としてやさしさや厳しさを、あるいは自分の考えを、いろいろな思いを言葉にたくし、また表情でもって表現します。そこで一番大事になるのが、「心」です。

相手を思いやる「心」があり、はじめて「言葉」と「行い」が生まれるように、この三つが一緒になってはじめて、相手に真実が伝わります。

このどれか一つ欠けても、心の中にある真の心は相手に伝わりません。しかし、その心の部分をついおろそかにしがちです。

人の心は相手に見えないものですから、言葉や態度でいかようにもごまかすことができるだろうと、自分の都合のいいように解釈したり弁解したりする場合もあります。

しかし、自分ではうまくごまかせたつもりでも、不思議なもので、相手には心の中のさまざまな思いが伝わってしまうものです。

心と体と言葉はすべてつながっていますので、体から発しているその人の雰囲気や言葉の響きで、心は必ず相手に伝わってしまいます。

「私は、そういうつもりで言ったのではないのに」とか、「そんな気持ちはまったくありませんでした」という言い訳をよく耳にしますが、ほんの少しでも悪い気持ちがあり、すっきりと消化できていなければ、その思いは相手に伝わってしまうものです。

人は一人では生きていけない

小僧の頃、お師匠さんに修行の心構えをたずねましたら、

「修行というのは、自分一人ではできんのや。多くの人の助けがあって、はじめて修行ができるんやぞ」

と教えてくださいました。

千日回峰行《せんにちかいほうぎょう》（第三章で詳しく述べます）は、山に一人で行って一人で修行します。行をするのはたった一人、自分一人ですが、毎日のご飯をつくってくれる人や、お風呂を用意してくれる人など、行者をサポートしてくださる人がたくさんいます。

お師匠さんは、修行僧たちに必ず、「行というのは一人でするものやない」と説いて聞かせていました。

「人生もそうやで。一人で生きていると思ったらあかん。誰もが、いろんな人に助けられて生きているんや。多くの人に支えてもらってはじめて、自分の人生が成り立っているんやで」

これは千日回峰行に入る前、二十三歳のときにお師匠さんからいただいた言葉ですが、山の行を終え里の行を積み重ねていくにつれて実感をもって、すばらしい言葉だと思うようになりました。

いろいろな人がいるから修行になる

お坊さんになる一番はじめの儀式が「得度《とくど》」です。

剃髪《ていはつ》をして、十の戒律を授かって、今までの人生の中で知っていて犯した罪、あるいは知らずして犯してしまった罪に懺悔して、仏さまの説いた道を極めなさいということで、修行生活がはじまります。

頭を丸め、僧としての生き方をお師匠さんから示されましても、なかなかよいほうに変わらないのが人の心です。

修行仲間も皆、「どんぐりの背比べ」みたいなものです。人生の気づきを得て、心穏やかになった人ばかりではありません。厳しい人、やさしい人、おとなしい人、意地悪な人――と、一般社会の人とまるで変わりません。

さまざまな人が渾然一体となって、仏さまの見守る中で生活させていただきます。それはまるで、大きなたらいに水を入れて、土のついた芋を洗うときのように、互いにぶつかり合ってきれいになっていきます。

お師匠さんは、「お寺の修行には最低三人いなければあかんのや」とおっしゃっていました。

三人いると、人間関係が複雑になり、お互いの感情や考え方のちがいが生じます。そこで、「どうしてなんだ」「なぜなんだ」と悩みが生まれてくるわけです。その人間関係が、お寺の一番の修行なのだと教えてくださいました。

苦手な人は自分を磨く砥石《といし》

誰にでも、馬が合わない、あるいは気に食わないと申しましょうか、好きになれない人がいると思います。

しかし、そういう存在があるからこそ、自分が成長するということも事実です。

振り返ってみると、苦手な人は、自分を磨いてくれる砥石《といし》のような存在だと感謝しなければなりません。

お寺で厳しい行を積むことによって、我《が》というものが薄皮を剥ぐように取れていき、自分自身、本来の自分のきれいな心になったことも事実です。しかし、たった一つだけ、心の底にこびりついた取るに取れない自我がありました。

相手がどんな人であっても、受け入れることによってはじめて自分自身も人から受け入れてもらえるのだと頭ではわかっていながらも、たった一人だけどうしても受け入れることのできない人がいたのです。

一〇人いたら一〇人平等に人を思いやることができなければ、お坊さんとして失格です。なんとかこの我を克服したい。そう思って日々精進を重ねたのですが、千日回峰行が終わっても、翌年の四無行《しむぎょう》（食べず、飲まず、寝ず、横にならずを九日間貫く修行）が終わっても、打ち破ることはできませんでした。

克服できたのは、吉野山から仙台にもどって数年が過ぎた頃でした。

人はお互いに迷惑をかけ、かけられ生きている

その日、私は奈良に行く用事があり、打ち解けることがどうしてもできなかった方と再会することになりました。

「こんにちは！」

私が明るく挨拶をすると、

「こんにちは」

と低い声で、返してきました。あんまり気持ちのいい返事ではありません。いつもなら、そこで通り一遍の挨拶をして終わるところですが、そのときはそれまでの自分とはちがっていました。

「山の行より里の行」と言われるように、仙台に帰ってからお金の苦労や人間関係などあらゆることで揉《も》まれて、少しずつ器が大きくなったのかもしれません。このとき、私は自分にとっての苦しみだったその人の懐に入って、もうひと声かけてみ

たくなったのです。

「これ、お土産です。どうぞ」

「ありがとうございます」

また低い声が返ってきました。しかし、私はなおも相手の心に一歩踏み込みたくて言葉を続けました。

「今日は仙台から車で来たんですよ」

そう言った瞬間に、

「えっ？　車で？」

と驚いたように聞き返したその人の目が、口もとが、少しやさしくなったような気がしたのです。

その瞬間、二十年近くも克服できずに苦しんでいた胸のつかえが、ストンと腹の底に落ちていきました。

そうか、自分が相手を嫌う心を捨てきらなければ、相手にいやな雰囲気を与えてしまうし、自分が、相手を一〇〇パーセント受け入れられる大きな器の人間であったなら、自分もいやな思いをせず、また、その人にもいやな思いをさせずにすんだのに申し訳なかった、と心から懺悔したのです。

悶々としていた頃は、心のどこかで相手や他者に非があると思っていましたが、よくよく考えてみると、「自分ばかりが迷惑をかけられていたのではなく、ふり返ってみれば相手にも、迷惑をかけたことがあったんだなあ」と、反省することがたくさん浮かんできました。

人間というのは、迷惑をかけ、また、かけられながら助け合って生きるもの。そうして互いに成長していくものなのだ、と身に染みて感じました。

自分から許せば、相手も自分も解放される

こうして、相手にも不快な思いをさせていたのだなと深く反省したときに、私の人生は一気によい方向へガラリと変わりました。

何よりも心の中のモヤモヤとした気持ちが消えて、すべての人がとても大切な存在に思え、鳥や動物たちや一木一草にいたるまで、共に生きているという喜びに満たされるようになったのです。

そこで、「忘れきる」「捨てきる」「許しきる」ことの大切さを身をもって知りました。

どんないきさつがあったとしても、まずは自分のほうから許すことだと思います。許すというのは、相手を尊重することであり、負の感情に縛られて不自由だった自分を解放するということにもつながります。自分の対応を変えることで、相手の心をも自由にしてあげることができるのです。

そういうことがわかってくると、嫌いだと思っていた人とも心から笑い合えるようになります。

私が人間関係で悩んでいた頃は、おそらく自分という基軸が未熟だったのでしょう。自分軸が弱いために相手に引っ張られて、振り回されていたのだと思います。人に振り回されないような太い軸、いわば人間力と申しましょうか、大きな人間的魅力を身につけなければなりません。

はじめはむずかしくても、自分がいやだなと思う人に笑顔を見せたり、やさしい言葉をかけてみてください。繰り返し試していると、打ち解け合うときがおとずれることもあると思います。

どうしても許せないものを許せるように自分から心を成長させると、人生がとても楽しくなります。自分の心も、環境も、人生のすべてが変わります。

あのお山での修行時代も、里での苦い経験も、きっと仏さまが人を介して、未熟な私を鍛えてくださったのでしょう。

そう思いますと、ありがたさがこみあげてきます。人生の中で経験するすべてのご縁に意味があるのです。

人生には、何一つ無駄なことはありません。

人間関係のトラブルを回避する簡単で最善の方法

修行を通して、人として何より大切なのは「礼儀」であると感じました。

礼儀とは、まず「感謝」と「反省」と「敬意」の心をもつことだと思います。言葉で言いますと、「ありがとう」「すみません」「はい」に込める気持ちです。

言うまでもなく、「ありがとう」には感謝の心を、「すみません」には謙虚に反省する気持ちを込めます。「はい」という返事は「拝」という字が語源であるように、拝むように相手への敬意を込めなくてはいけません。

どれも日常的によく使う言葉ですけれど、いつも心を込めて声に出しているかというと、そうはできていないことが多いのではないでしょうか。

いつでしたか、数人の方と歓談していたときのことです。ある人の返事が不快だったのか、もう一人の人が急に、顔に不機嫌な色を浮かべて、響きの悪い言葉を返していました。

すると、その原因となった人は、相手がなぜ不機嫌な顔をして、いきなり自分に冷たい言葉を投げかけてきたのかがわからず、困り果てた様子でした。

「はい」と返事をしても、どういう「はい」だったのかは、録音でもしない限り、自分ではわかりません。

「はい」という言葉は、時間にすれば一秒もない一瞬の響きです。しかし、その「はい」という返事一つで、険悪にもなれば幸せにもなります。

私の知り合いに、こんなご夫婦がいました。

朝、お二人は互いに「おはよう」という挨拶を交わしません。その代わり、妻が口にするのは「お父さん、ゴミ出して」でした。夫はムッとしながら、返事もせずにゴミを出していたそうです。

ところが、私の話をきっかけに、その夫はある日から、いつもの「ゴミ出して」に「はい！」と明るく答えるようになりました。次の日もその次の日も、「はい！」と元気よく答えました。

すると、一週間ほどしたら献立が豪華になり、一カ月したら冷え切っていた夫婦仲が回復してきて、夫婦円満になったというのです。

私はこの男性から「おっしゃる通り、『はい』という返事一つで生活が変わりました」とお礼を言われました。

親しき仲にも礼儀あり、とはよく言ったものです。日頃から、自分を省みる余裕をもち、あらゆる人に感謝と敬意を忘れず、心の込もった言葉で接するようにすれば、人間関係のトラブルはほとんど避けられます。

自分を大切にするように相手を大切にする

周囲とうまくやれないという人には、ある共通点があります。それは、自分の理想や主張をまわりに押しつけているという傾向があることです。

自分が何らかの意見をもっているように、周囲の人たちもそれぞれに意見をもっています。その異なる意見を少しずつ擦《す》り合わせていく作業、それがコミュニケーションです。

まずは、相手の言う内容をいったん受け止めてください。どれだけ自分とかけ離れた意見であったとしても、「なるほど、この人はそう考えるのか」と受け入れてみる。

そして、世の中には実にさまざまな考え方があるものだなあ、と面白がることができればよいと思います。たとえ自分の意見とは真逆の場合であっても、とにかく相手を受け入れて、相手の言うことにしっかり耳を傾け、そのうえではじめて自分の意見を伝えることです。

私のお師匠さんは、こうおっしゃっていました。

「自分を大切にしてほしかったら、まず自分を大切にするように相手を尊重しなさい。相手を尊重することによって自分が尊重されるんだ」

自分のことのように相手を大切に思う。その慈しみのある言葉や笑顔、行動が人と人とをつなぎあわせ、その功徳が回り回って自分の心を潤すのです。

人間関係は一度崩れると修復がむずかしい

一度崩れてしまった人間関係を修復するのには、時間がかかります。それこそ、どちらかが仏教を学んでいて、「利他の心」で解決しようという意志でもない限り、そのまま人間関係が悪化して、恨みや憎しみの心にまで発展しかねません。せっかく心を清く正しくするためにこの世に生まれてきたのに、大変なあやまちを犯してしまうことになります。

人というのはどうしても、我が強いと申しましょうか、自分に都合のよい答えをつくり出そうとします。ですから、一度仲が悪くなりますと、あれこれ理屈をつけては悶々と考え続け、納得がいく答えを出せずに苦しむことになります。その苦しみというのは、古今東西、続いている悩みでもあります。

もしかすると仏さまも、「何度も何度も生まれ変わっているのだから、いいかげんに気づいてほしい」と思っていらっしゃるかもしれません。

ややもすると、私たちは自分のことをすっかり棚に上げて、うまくいかないのは相手に非があるからだと考え、自分一人で大きくなったような顔をして暮らしています。

しかし、そこをなんとか正して、人は一人では生きていけないものであることを肝に銘じて、人生の中での出会いを一つひとつ大事にしていかなければなりません。

出会いがあれば、必ず別れがあります。第一章の「四苦八苦」のところでふれましたが、仏教の教えに「愛別離苦《あいべつりく》」という苦しみがあるように、出会えば、どんなに愛しい人、気の合う人とも別れなければなりません。この世に生まれてきたら、いつかあの世に行かなくてはなりません。人生はあっという間です。同じ宿命を背負った仲間として、相手を責める前に、自分の心の中にある真心をもって、いさかいは忘れ、捨てきって、ともに許し合うことです。忘れたいのに忘れられなくて、捨ててしまいたいのに捨てられなくて、許したいのに許すことができない心を転じてこそ、真の心の幸せを享受できるのです。

相手とのほどよい距離感を保つ

不要なトラブルを避けるためには、ぶつかり合わない、ほどよい距離感を保つことが大切です。車でいえば、車間距離です。交通ルールを守って運転している人であれば、ほどほどの車間距離で大丈夫です。危ない車だなと思ったら離れなくてはいけません。相手によって、距離感を変える必要があります。

自分の心身を壊してまで、波長が合わない人と無理につき合うことはありません。仕事の場合は、相手がどんな人であれ、つき合わなくてはなりませんが、それでも許される範囲内で、ほどよい距離感を見つけて、自分が疲弊しない程度につき合っていく。

どんな人でも受け入れることは大切ですが、相手の性格に合わせて、距離感を考えていかないと自分が壊れてしまったり、相手をだめにしてしまったりする場合もあります。

たとえば多くを求めてくる人は、いくら与えても満足しません。与えてもらって当たり前という人を相手にしていると、こちらもだんだん消耗してきます。

お金でいえば、貯金がどんどんなくなっていく。「もっとちょうだい、もっとちょうだい」と言われて、「もうお金はないよ」と答えたその瞬間に、「あなたなんか嫌い！」となるわけです。そうなると、どちらも傷つきますから、ほどよい距離感を保つことはお互いのためなのです。

基本的に、おつき合いが「煩《わずら》わしいな」と思うようになったら、距離をおくのが一番でしょう。

誤解されても言い訳はしない

日常生活の中で、些細なことで、自分が思いもよらない立場におかれてしまうときもあります。そういうときは、「言った」「言わない」と、目くじらを立てて言い合いをしても、事は面倒になるだけです。

人生を左右するような大事なことにおいては、しっかりと正しいことを伝えなければなりません。しかし、自分の心にやましい気持ちがなければ、無駄な言い訳は必要ありません。

言い訳をすると、昔、母にものすごく叱られたものです。相手から誤解を受けたら、「そういうふうにとらえられる場合もあるんだから、注意しなさい」と。

もし自分がまちがっていれば素直に悔い改めるべきですが、自分が信じた道を突き進む場合には、人から何を言われようが、誤解を受けようが、自分のスタンスを変える必要はありません。今まで通り、自分が正しいと思う姿勢でなすべきことを淡々となしていくほうが、心の成長につながります。

そのうち二年もすれば、「ああ、実際はそうだったのか。あれはこちらの思いちがいだったんだな」と誤解はたいてい解けます。

二年というと、待ち遠しいように思われるかもしれませんが、あっという間です。七三〇回、毎日「おはよう」と挨拶したらもう二年です。この前も、うちのお寺に通っている人が「寒い〜寒い〜！　あぁ、まだ寒い〜！」と背中を丸めていましたので、「六〇回、おはようと言ってここにくれば、もう桜が咲いてますよ」と言って、笑い合いました。

日本には春夏秋冬があるように、人生にも春夏秋冬があると思います。冬がきて、春がきて、その四季の中で揉まれながら成長していく。たとえどんなにつらいことがあろうと、季節は必ずめぐります。

誤解されても言い訳せず、まっすぐ正直に毎日を生きていくことが、何より大切です。七三〇回、「おはよう」と言い終えた頃には、自分の真意が伝わっているかもしれません。そのときには、かえって倍の信頼を得たりするものです。

どんな人でも一〇〇パーセント理解されることはない

もともと、言葉というのは、思っているほど相手に伝わりません。それをお釈迦さまは承知のうえで法を説く決心をされたそうです。

私たちは仏さまのような人になるために、迷いの世界から悟りの世界へ心を高めていかなければなりません。

迷いと悟りの世界には、地獄界、餓鬼《がき》界、畜生《ちくしょう》界、修羅《しゅら》界、人間界、天上《てんじょう》界、そして声聞《しょうもん》界、縁覚《えんがく》界、菩薩《ぼさつ》界、仏《ぶつ》界と一〇の世界があります。この「十界《じっかい》」もそれぞれ一〇段階に分かれていて、全部で一〇〇段階あると言われています。

この人間界にもいろいろなレベルの人間がいて、たとえばゼロから一〇までレベルがあるとして、五のレベルの人に六以上の話をしても理解できずに誤解されてしまうというのです。

お釈迦さまは、ブラフマーというインドの最高神から「あなたの悟りをみんなに伝えなさい」と言われたときに、「今の人々には理解することがむずかしいと思うので、このまま静かに生きていきます」と断りました。

しかし、何度も説得されて、お釈迦さまは誤解されるだろうとわかっていながら、法を説きはじめたわけです。

案の定、石を投げられたり裏切られたりしてひどい目に遭いました。悟りを開いたお釈迦さまでさえ、真意を理解してもらえない。だから、どんな人も、自分のことを一〇〇パーセント理解されることはない、と覚悟したほうがいいのかもしれませんね。

話は変わりますが、私は自分を含め、ご縁のある人たちのことをネットで検索することもありません。リアルなおつき合いを大切にしています。

よくネットで傷ついたという話を聞きますが、ある芸能人の方は、「九割は嘘。一割は本当のことだけれど、それさえ誇大に書かれている」とおっしゃっていました。

現代においては平等に意見を表現することが可能になりましたが、まちがった情報や一方的な見方で論じ立てて拡散され傷つく人がいるのも現実で、なかなかむずかしい時代だと思います。

一日も早くよい方向に流れが変わるよう祈るばかりです。

あるがままに生きるとは

人の目を気にしながら発言したり行動したりするのはエネルギーの無駄づかいだと私は思っています。人の目はごまかせても、神仏や大自然は、絶対にごまかせません。

そもそも、お釈迦さまの教えは、野に咲く花のように、「あるがままに生きなさい」ということです。

花は種が飛んだところに根を張って生長し、きれいに花を咲かせて、そのままそこにあり続けている。誰に見せびらかすわけでもなく、ありのまま、ただそこにたたずんで咲いています。

それに比べて、私たち人間は、自分をよく見せたいとか大きく見せようとかいう気持ちが時折、邪魔をします。

まわりを見てみますと、ちょっと背伸びして格好つけている人を見かけることがあります。私は若い頃にそういう大人を見て、格好悪いなと思っていました。いくら格好つけても、わかる人にはわかりますし、メッキはいずれ剥がれ落ちます。誰にでも弱い部分がありますし、その弱さを認めること、隠さないことも大事ではないでしょうか？

人の目を気にすることなく、素のままで、自分を飾らずにいろいろな人とおつき合いしていったほうが、より人間関係が広がるのではないかと思います。

自分を偽って大きく見せても、実際に長い間おつき合いをしていると、いつか真実が明らかになるときがくるでしょう。そうしますと、長い間良好だった関係が微妙に傾いたり、縁が切れたりしますので、はじめから、あるがままに生きたほうがいい。そのままにあり続けることこそが、大切な生きる姿勢だと思います。何より、そのほうがストレスがなくて疲れません。

自然な出会いが一番の縁

私は、これまで一度も無理にご縁をつなごうとしたことがありません。誰に教わったわけでもなく、若い頃から、「〇〇さんに会いたい」と自分から手を伸ばして人間関係を築くと、どこかで失敗したり長続きしなかったりするだろうと考えていました。

なぜなら、そこには自分の欲というものが介在するからです。

仕事でも、自分からこういうお仕事をしたいと言ったことはありません。自然の流れの中で出会うご縁が、最良のご縁だと思っています。

誰も知らない外国の都市に行っても、あるきっかけでそのときに必要な人と偶然につながり、そのご縁を大切にしていたら、また別の人ともつながり、またつながっていく。二年くらい経ちますと、一つのコミュニティーができています。

最初に出会った人と、大事にしている人たちとで限られた時間を楽しく過ごしていると、不可思議にもよいほうに導かれるのです。

人と会っている「今」を大事にする

私は、今日出会った人、今、目の前にいる人と楽しい時間を共有することを大切にしています。

お茶を飲みながら楽しい話をする時間は、人間にとって、かけがえのない時間です。今、目の前にいる人を愛するということですから。

愛とは男女の愛だけでなく、相手を思いやり、相手を慈《いつく》しんで向かい合う心です。

そうして「今」を大事にすると、「また会いたいな」「また一緒にご飯を食べたいな」と心から思ってもらえます。

会話の中で私が基本にしているのは、相手の過去やプライベートな話は聞かないということです。

これは海外で学んだことなのですが、私が行ったアメリカやヨーロッパの都市では、絶対に相手の過去やプライベートなことは聞きません。「今」そのときに生まれてくる会話を楽しむだけです。万が一、その人が話したプライベートなことも、決して他言しません。

そのあたりのモラルは、日本はまだまだ成熟していないように思います。

「どちらの出身ですか?」「どこの高校でした?」「どこ中《ちゆう》?」などと、卒業した中学校まで聞いたり、人のうわさ話をしたりすることも少なくありません。

私は、そのときに生まれた話が一番いいと思っていますので、いろいろな方と会談するときも、相手の情報を見ないことにしています。事前の取材のための準備も一切いたしません。

何より「今」が大事。そのときの生き生きとした空間・時間が一番の宝物だと思っています。目の前にいるたった一人の人を喜ばせることができたなら、どれほどすばらしいことでしょう。

自分を磨いた分だけ良縁とつながる

振り返ってみますと、お師匠さんだけでなく厳しい先輩もたくさんいましたが、それらの人々は、めぐりめぐって自分の成長のために仏さまがつかわしてくださった縁だったのだと改めて思います。

山を下りて、実社会で里の行をさせていただき、自分の心に穏やかなものが生まれたときには、厳しいお師匠さんも、つじつまの合わないことを言う先輩も、私の前にはいませんでした。

今度は、もしかしたら私が弟子に対して、先輩やお師匠さんのような役目をしていくのかと思うと、人は回り回って人に迷惑をかけ、かけられ、互いに助け合って生きているということに、なおさら感謝せずにはいられません。

縁というのは、自分自身の今の波長と合う人たちが導かれてつながっていくことではないかと思います。

自分が成長すればするほど、「今の自分」と合う仲間と出会うことができる。自分を磨いた分、縁の広がりがあるように思います。

「類は友を呼ぶ」と申します。素敵な人と出会いたいのであれば、まず自分を磨いていく意識が必要です。

毎日毎日、自分の内面を磨いていけば、今は手の届かない憧れの人とめぐり合うことも夢ではありません。

第3章

大峯千日回峰行《おおみねせんにちかいほうぎょう》

修行を通して見えてくるもの

途中でやめることは許されない

大峯千日回峰行《おおみねせんにちかいほうぎょう》は、修験道の修行の一つです。

年間四カ月を行の期間と定め、奈良県吉野山にある金峯山寺《きんぷせんじ》から大峰山《おおみねさん》山頂に立つ大峯山寺（標高差一三〇〇メートル超）まで、険しい山道を一日四八キロ、一日も休まず十六時間かけて上り下りし、千日間、歩き続けます。毎年五月～九月の山開きの期間しか歩けませんので、九年かかる修行です。

いったん行に入りますと、体調が最悪の状態であっても、嵐が来ても、どんなことがあっても、途中でやめることはできません。

もし万が一これ以上行が続けられないと自己判断したときには、所持している短刀で腹を切って行を終えなければならないという、厳しい掟があると伝えられています。

誰かに頼まれて修行に入るわけではありません。自分から、人として大切な心を山中の行の中で会得させていただきたいと思い、御仏《みほとけ》に「千日間、山を歩きます」とお約束して行に入りますので、決してその約束を破ることはできないという昔の修行の考え方だったのでしょう。

当然、体力的にも精神的にも、日々極限まで追い込まれますし、何が起こるかわからない山の中では、自分の不注意で簡単に命を落としかねません。

常に身につけている短刀は、万が一のときには腹を切る意味合いもありますが、それよりも、自分自身の行に対する強い戒めのための守護刀として左の腰に差し、山に入ります。

奈良・大峯山で生まれた修験道

お釈迦さまは、今から約二五〇〇年前に、私たち人間が受ける苦しみは、一体なんなのだろうかと、ご自分で考え修行して、やがて悟りを開かれ、これを人々に説かれたそうです。その悟りの境地にいたる道筋をみずからの努力で精進すれば、どんな人でも安らかで穏やかな心になれるという教えです。

やがてその教えが、六世紀半ば、日本に伝えられました。

その頃の日本は国づくりの最中で、用明天皇とその皇子である聖徳太子は、この慈悲の心を国づくりの根本とします。つまり、仏教を中心に、私たち日本人の原点である「和の心」を国づくりの基本とされました。ここに、仏教と神道が融合した神仏習合と呼ばれる共存の時代がはじまったわけです。

聖徳太子が四天王寺や法隆寺を建立されてからしばらくして、修験道の開祖である役行者《えんのぎょうじゃ》が、奈良の葛城山《かつらぎさん》の麓《ふもと》にお生まれになりました。

その当時の仏教というのは、現代の仏教のようなあり方ではなかったそうです。役行者にとっては、当時の日本仏教のあり方をふくめて、千年以上の年月を経てインドから伝わってきた仏教の真実を、みずからが体験したいという気持ちが高まったのだと思います。

本来なら人間の苦悩を解決する道を説くのが仏教であり、みずから悟りを求めてひたすら修行しながら、同時に迷い苦しむ人たちを救済するという「上求菩提《じょうぐぼだい》、下《げ》化衆生《けしゅじょう》」の精神でなければならない。そうありたい、あらねばならぬと役行者は思い、奈良の大峯山で修行されて修験道が発祥いたしました。

修験道が山の宗教としてのイメージが強いのは、やはり役行者が山で修行されたことが大きいでしょう。

飛鳥・奈良時代、仏教や儒教、そして道教が日本に流入していた時代に、役行者はあえて心身を投じて山で修行されました。

それは、山において苦しい修行をして、みずからが体験することに意義があるという何かを感じられたからだと思います。まさに、お釈迦さまが出家を志して、すべてを捨てて修行に入られたことと重なります。

「行をする」本当の意味

修験道と言いますと、どうしても厳しい苦行がクローズアップされますが、苦しむことに目的をおいているわけではありません。

私たちは、この世に生を授かります。その授かった命を、山の行において落としてしまうのは、神仏に対して極めて失礼なことです。自分の成長を願い、自分の可能性を引き出すためには苦もともないますが、ただ苦しむために行じるのではありません。また、決して命を落とさないように行じなければならないという、極めて自己責任の重い世界です。

お釈迦さまは、迷いや苦しみのない安心《あんじん》の世界にいたる道を求めて修行をはじめられましたが、体を苦行で責め、痛めても、問題を解決することにはならないと気づかれ、やがて苦行をおやめになりました。

その苦行の体験をもとに、現実生活の中で、不安を取り除く努力を強調されています。そして、一人ひとりの心と日常生活のあり方を根本的に見つめ直し、その人に応じた悟りのあり方を示された、と伝えられています。

行は、みずからを苦しめるためのものでも、ましてや命を落とすためのものでもありません。やはり、生きてこそ、命があってこその人の行であると思います。そして、大自然の中で自問自答しながら自分自身の心を成長させていく。ここに行の意義があります。

言い方を換えれば、私たちは、人としての日々の生活の中で、自問自答しながらよい方向へと心を導いていくところに、人生という修行の意義があるのではないでしょうか。

「歴史と伝統がある行は、決して死なないようになっているから大丈夫だ」と師匠から道標《どうひょう》をいただきました。それは、心を正し、清らかにまっすぐに進んでいけば、必ず成就するからです。純粋に悟りを求める心と、神仏の加護が合わさり、不可能を可能にするのです。邪《よこしま》な心や貪《むさぼ》りの心をもち、だらしなく修行していたのでは、ややもすると谷底へ転落する危険もあります。

里における私たちの日々の人生の行も、同じことが言えるのではないでしょうか。

恩返しをしたい

私が千日回峰行とのご縁をいただいたのは、小学校五年生のときです。テレビで、比叡山延暦寺（滋賀県）千日回峰行者の酒井《さかい》雄哉大阿闍梨《ゆうさいだいあじゃり》さまが、白装束を身にまとい、颯爽と山々を駆け回るお姿を見て、「この行がしたい」と思ったのです。

仏教に興味があったわけでも僧侶になりたかったわけでもありません。なぜ千日回峰行に惹かれたのか今でもわかりませんが、これがご縁なのかと思います。

ただ、多くの人の役に立つ人間になりたい、という漠然とした思いはずっとありました。

私は母子家庭で育ちました。母と祖母との三人暮らしで、食べたいものを食べられない、買いたいものを買えないような貧しい日々の中で、よく近所の方たちからおすそ分けを頂戴しました。煮物、コロッケ、焼き魚……。お腹を空かせた私には、そのすべてがご馳走でした。

そのたびに、母は床に頭をつけて「ありがとうございます。本当に助かります」と、お礼を言っておりました。

支えてくださる方たちの気持ちと、感謝する母の後ろ姿を見ていましたら自然と、いつか恩返しをしたい、みんなのお役に立てるような人間になりたい、と思うようになりました。

高校を卒業する頃になると、「千日回峰行がしたい」という気持ちがどんどんふくらんできて、お山の行で自分自身を見つめ直し、世界の人たちのお役に立てるようなお坊さんになりたいという大きな夢を抱き、千日回峰行がある奈良県吉野山の金峯《きんぷ》山寺《せんじ》の門をたたきました。

五月三日からはじまる大峯千日回峰行

千日回峰行は、毎年五月三日の戸開け式という山開きの儀式の日からはじまります。

五月とはいえ、お山の上は雪の日もあり、朝方はかなり冷え込みますので、風の強い日には樹氷のかたまりが頭の上から落ちてきます。

「冷たいなあ」と思っているうちに、一カ月もしますと梅雨入りし、来る日も来る日も雨ばかりで、お天道さまの顔を一週間も見ない日が続きますと、とても気が重くなります。

梅雨前線が停滞し、そこに台風がきてしまいますと、大きな崖崩れ、そして鉄砲水が道をふさぎます。のどが渇いても、たった一カ所のお水を補給できる小川も濁流で、仕方なく泥水を飲み、梅雨が明けて七月の末に天気が続けば、今度は小川の水はすぐに干上がってしまいます。

近畿地方の夏は非常に蒸し暑く、気温は毎日三五度を超えます。一日四八キロ歩くのに、夜半に歩きはじめて三六キロ地点まできた頃には正午を回っており、真夏の元気なお天道さまが照りつけます。

下からの照り返しがありますと、手元の小さな温度計は四三度をさし、気が遠くなり、のどが渇いて水をたくさん飲みたくても水筒の水は残り少なく、底からあと一センチか二センチしかありません。

その水を数ミリほどのどに流してやり、やっとのことでお山から帰ってきた日のことを思い返しますと、とても懐かしく感じられます。

生と死が隣り合わせの中で

修験の回峰行者は山に生きておりますので、大自然のありのままの姿を見て、いろいろなことを感じ取り、自分の人生の気づきを得ます。

行に入ると、山の中でたった一人になります。生と死が常に隣り合わせという非常に緊迫した状況で、時が流れます。そういう状態になりますと、普通はどんどん精神的に追い込まれていきます。

しかし、そうなってはいけません。そうならないように、いかに心を豊かに保つことができるかが、肝心なところです。

こうお話ししますと、超人的な世界で、いかめしい顔をして荒々しく行じているのだろうと思われるかもしれませんが、私の場合、そういう面をもちつつも、正反対の面ももち合わせておりました。

その行の中で感じたことを書き留めた日記を見ますと、行の最中、山でこんなことをつぶやいていました。

杖をつきながら道端の石にも気を遣ってあげるんだよ。
この世では石ころだって大切な存在です。
尊重してあげないと、誰が見ていなくても心だよ。

心は百里、千里歩けても、体はそうはいかないから、
詫びながら、なぐさめながら、労りながら千日行、
心を込めて歩くから、心を込めて行じるから、心が磨かれてきます。
心を込めて生きていれば、いい人生を送ることができます。

「志」を楽しむ

ただ荒々しいだけではなく、まるで純真な幼子が山道を散歩しているような感じで歩いていました。皆さまには理解しがたいことかもしれませんが、行の最中は自分でもびっくりするほど心が子どもにかえります。

追い込まれれば追い込まれるほど、「らん、らんらら、らん」と、歌いながら楽しんでいる自分がいました。

たしかに強い心をもたなければいけませんが、ただ強いだけでは、何かの拍子にぽきっと折れてしまいます。強くしなやかでなければなりません。それが自然にできるようになっていたのだと思います。

「志」を楽しむという言葉があります。大きな目標をもったときには、困難がつきものです。しかし、それを楽しむぐらいの心の余裕がないといけません。たとえば、私ぐらい不幸な人間はいないと思うと、見るもの聞くものすべてがそう思えてしまい、どんどん悪いほうへ引き寄せられてしまうものです。

そのような場合は、考え方を転換させて、困難を鍛錬と思い、楽しむぐらいの気持ちでいることが大切です。私は行に対する心構えとして、いったん行に入ったならば、どんなことがあっても絶対に文句や愚痴を言わないと決めていました。

「心の動き」を仏さまは天から見ている

仏さまは、そんな私の意志の強さを試されました。

平成三年（一九九一）に千日回峰行がはじまったときに、ある先輩が、

「わしは今日から今年中に一〇〇〇回の護摩を自分の行として修法するから、みんなひとつよろしく頼むわ」

と言い出されたそうです。

山に行っている私は何も知らず、山から帰ってきて次の日の用意をしていますと、修行僧仲間が何か言いたそうな顔をしています。しかし私はそれを気にもとめず、

「お疲れさまでした」と一日の行を終え、午後六時半に就寝いたしました。

回峰行はとにかく五分でも十分でも多く睡眠をとらなければ、体力がもちません。歩きながら、また、おにぎりを食べながらも睡魔との闘いなので、一日五分多く寝たか寝ないかでも、次の日の歩きに影響が出てしまいます。


悲劇は、午後七時の大きな鐘の音とともにおとずれました。そして、そこから毎日のように午後八時半頃まで護摩の修法が続いたのです。

「なんで朝やらないんだろう」と、さすがに私も布団の中で苦笑いしました。仏さまは、「さて、どういう心の動きをするかな」と、天から見ていらしたのだと思います。

私は、これも自分の運命と思い、あきらめました。

午後七時の護摩祈禱をはじめた人に文句を言わず、師匠にも助けを求めず、ありのままを感謝して、行を続けました。相手を恨んだり憎んだりしては、行者失格です。

ただ、当時私は二十三歳でしたので、少し涙しました。今思えば、それがあったから今の自分があります。

世の中のことは何も知らず、「行をさせてください」とお願いをして、修行の場を与えていただいた小僧の身。人生の道理もわかりませんので、そういう苦しみや悲しみを一つひとつ乗り越えていかなければ、人の痛みもわかりません。

山を歩くばかりが行ではありません。歯を食いしばってでも、すべてのことを辛抱しなければならないときもあります。

涙を流しても、また涙を流しても、仏さまは「まだまだ足りぬ、まだ足りぬ」と言わんばかりに、行を与えてくださいました。どんなつらさも、過ぎてしまえばもう思い出です。

「ほんのわずかな妥協も許さぬ」

千日回峰行の間、毎日起床は午後十一時三十分です。宿坊で目を覚ましますと、すぐに滝場に行って山に入る前のお清めとして滝行をいたします。

階段を五〇〇段ほど上り、参籠所《さんろうじょ》で小さなおにぎりをかじりながら山伏《やまぶし》の装束に着替えて、出発の準備をします。腰に何本もひもを結び終えると、いざというときの自決用の短刀を左腰に差し、自分の念持仏《ねんじぶつ》に一日の無事を願います。

そして、地下足袋《じかたび》を履き、杖を持ち、編み笠をかぶり、提灯《ちょうちん》に明かりをともして、いよいよ一日の行がはじまります。

クマ除けの鈴をチリンチリンと鳴らしながら、五〇メートルほどの上り坂を歩いて本堂でお参りをするときには、「ほんのわずかな妥協も許さぬ」という強い意志が一段と強くなってきます。

自分一人の行なので、妥協しようと思えばいくらでも妥協できますが、少しでも気を抜くと、一日四八キロの山道を計画通りに十六時間で歩くことはかないません。

本堂から数百メートル歩くと、一気に急な上り坂がはじまります。四キロほど上っていくと、金峯《きんぷ》神社があり、そこから先は民家も少なくなり、提灯の明かりのみが頼りです。足元も獣道《けものみち》のようになり、石や木の根っこがゴツゴツした山道をたった一人、黙々と山に向かって進んでいきます。

九死に一生を得る

大峯の山は深く、回峰行の間も、すれちがう人はおりません。夜中に歩を進め、提灯一つで山に分け入っておりますと、マムシや野生動物に出くわすことがあります。

クマに出会ったこともありました。ウォーッという音に振り向くと、一四、五メートル後ろから大きな地響きとともに牙を剥きだしたクマが襲ってきたのです。「森のくまさん」のようなイメージはまったくありません。巨大な冷蔵庫が飛んでくるような感覚です。一瞬で「まず逃げよう」と決めました。

逃げている自分がスローモーションのように感じられます。同時に頭の中で、「数秒後には追いつかれ、クマが襲いかかってくるだろう。この危機をどうやって乗り越えたらいいのか？　そうだ！　振り向いてクマに向かっていき、杖を投げつけて大声で威嚇《いかく》しよう」という判断が一瞬でひらめきました。躊躇《ちゆうちよ》していたらすぐに追いつかれます。意を決してぐるっと振り向き、杖を投げつけてから、「ウォーッ!」と大声をあげてクマに向かっていったところ、驚いたのでしょうか、クマがくるりと向きを変えて山の上のほうへ逃げていってくれたので、助かりました。

行の間は毎年、必ず何かしらの試練を受けます。大自然の脅威にもしばしば遭遇しました。

ある年、低気圧が停滞していたところに台風が通過して、長雨と強風で崖が大きく崩れていました。私が通る少し前に崩れたらしく、まだパラパラと上から石ころが落ちてきています。道は完全になくなっていましたが、そこを通るしかありません。行かなければ、行が終わってしまいます。

やがて雨がやみ、その崩落現場をギリギリ通れそうになった頃です。急にまた雨が降り出し、山の上からものすごいスピードで大きな岩が落ちてきたのです。笠に当たる大雨の音と視界の悪さで、落石を感知することができませんでした。
杖を前にストンと落とした途端にブルブルっという感覚があって、気がつくと杖がまっぷたつに割れ、大きな岩と杖が谷底に転がっていきました。もし私が半歩先を歩いていたなら、私の体は木っ端微塵になり、そこで命は果てたと思います。

とにかく山では、いつ何が起こるかわかりません。突然起こる出来事や、じわじわと迫ってくる恐怖、それとは反対に、まるで天国のように穏やかな光景に包まれることもあります。

さまざまにめぐりくる流れの中で、迷いの心から安心を求めて、毎日真剣に歩き、試行錯誤していました。しかし、答えはなかなか出ません。

今思いますと、人間というものは、どうしても答えを急いで出したがるものだと思います。「なぜなんだろう、どうしてなんだろう」と迷うばかりで、ありのままを生きるという基本を忘れ、すべてに執《と》らわれていた気がします。

「自我」という堅い殻を突き破る

はじめのうちは肩に力が入って、ガンガンと力任せにお山を駆けめぐっておりました。そんな歩き方をしておりますと、体によけい負担がかかるため痛い思いをします。

それでも、なんとか悟らなければならない、もっともっと悟らねば、と気負っておりました。心に「自我」という堅い殻をつけていたのでしょう。

しかし、大自然の中で自分の存在がいかにちっぽけなものか、だんだんとわかってきます。大自然はとても手強く、何が起こっても現実を受け入れるほかありません。

台風の日があり、嵐の日があり、雷の日があります。それらを、ああ、こう来たか、今度はこう攻めてくるか、じゃあ自分はこうして乗り越えよう、と闘っていくわけです。

けれども、自分も大自然の中のかけがえのない一員なのだ、と気づいてからは、大自然と同化するかのようになりました。そうすると、不思議と肩の力が抜けて、無駄な力の入らない、いい歩き方ができるようになったのです。自然に逆らうのではなく、自然を受け入れることが大切なのだと気づかされました。

そのうち、上下運動の少ない、氷の上をすーっと滑るような足腰に負担の少ない歩き方ができるようになりました。その頃には、一歩一歩「謙虚、素直、謙虚、素直」と心の中で唱えながら、軽やかに明るく、まるで幼子が野山を散歩するように歩いている自分がいました。

人生も同じでしょう。自我という堅い殻を自分で割って捨てて、すべてのことに感謝する心をもち、「謙虚、素直、謙虚、素直」と繰り返しながら一歩ずつ進んでいけば、明るく軽快な人生を生きることができると思います。

野に咲く一輪の花のごとく

毎年、回峰行を行じている四カ月間は、午前零時半に出発してから午後三時半に帰ってくるまで、口にできるのはおにぎりと水だけです。

宿坊に着いてから、やっとおかずのある一汁一菜の精進料理をいただきますが、やはり低カロリーですので、行がはじまって一カ月もすると、爪がくだけてきて、三カ月目には血尿が出てきます。

日を追うごとに体力は落ちていき、四九〇日あたりの十日間で一〇キロほど痩せたときは、まさに生きるか死ぬかの瀬戸際まで追い詰められました。

日記にはこんなふうに書いています。

四八八日目。左足痛い、腹痛い、たまりません。冷たい風で体冷えたのか、

節々痛い。雷鳴りそう、たまらん、生き地獄。

高熱と下痢が治りません。行の間は、山から帰ってきても山門から出てはいけない決まりになっています。前もって市販の薬を買っておきますが、どんな薬を飲んでも治りません。

四八九日目。腹痛い、たまらん。体の節々痛く、たまらん。道に倒れ、木に寄りかかり、涙と汗と鼻水垂れ流し。でも人前では毅然と。俺は人に希望を与える仕事、人の同情を買うような行者では行者失格だと言い聞かせ、やっと帰ってきた。なんで四八キロ歩けたんだろう。

さっき酒屋のおばちゃんがすれちがいざま、「軽い足取りやねえ、元気そうやねえ」と。俺は「はい、ありがとうございます」と答えたが、本当はちがうんだよ。舞台裏は誰も知らないだろう。いや、知ってくれなくていい。誰に見られることも意識しない野に咲く一輪の花のごとく、御仏に対してただ清く正しくありたい。

追い込まれてはじめて出合う小さな悟り

人間というのは、おだやかな守られた環境にいますと、自分を省みることはなかなかないものです。

お寺の修行では三度の食事が用意され、ときにはお茶を飲め、布団にくるまって眠ることもできます。しかし、千日回峰行ではほとんど食べられない、お山の中には雨露をしのぐ場所さえありません。

追い込まれるとどういう心境になっていくのかと言いますと、だんだんと感謝、自己を省みる反省の心、そしてどんな人に対しても敬う心が生まれてきます。涙ながらに、里での自分自身の言動を深く反省するようになります。人間は、苦しいときの心が一番澄んでいます。

「野に咲く一輪の花のごとく、清く正しくありたい」と思ったのは、精神的にも肉体的にもボロボロになって、ふと足元にあるきれいな花に気づいたときです。

なんでこんな誰もこないところで、この花はきれいな花を咲かせているのだろう。人に見せびらかすわけでもない。「私ってきれいでしょう」「こんなことができる私はすごいでしょう」と、私たちならすぐ自慢したがるのに、誰に見られるということすら意識していない。

ただ天に向かってきれいな花を咲かせ、見えない部分では努力して水や栄養を吸収し続けている。隣りにきれいな花が咲いていても決して妬まない、羨まない、嫉妬しない。不平不満を言うこともない。「ああ、自分はこのお花よりも悟っていない」と思いました。

追い込まれれば追い込まれるほど、そういう小さな悟りと出合うことができます。それは汗を流し、涙を流し、自分の限界に追い込まれたときに、ふと心の中に浮かんでくるものです。

「もう体が動かない」

正念場は四九五日目でした。

前日も腹痛は止まらず、食べた物が二時間ほどで下から出てくるありさまでした。熱は三九度五分を超えて、頭もズキズキ痛みます。結局、その日は葛湯《くずゆ》を一杯だけいただいて、四八キロを歩いて帰ってきました。

部屋にもどって着替えをしようとした瞬間に体が痙攣《けいれん》して、涙が込み上げてきました。つらい、苦しいという涙ではありません。「ごめんね」と自分の心が自分の体に謝っていたのです。「自分が修行を志したために、おまえにこんなに負担をかけてしまい申し訳ない」という涙があふれて止まりませんでした。

そして、四九五日目。目は覚めましたが、体が動きません。しかたなく、いつもより一時間ほど遅れて出発することになりました。行かなければ、行は終わってしまいます。意を決してどうにか体を起こし、這《は》うように滝場に行って身を清め、着替えを済ませて、山に向かいました。

外灯がなくなる吉野《よしの》水分神社《みくまりじんじゃ》を過ぎたところで、足元が暗いことに気づきました。杖と提灯を忘れていたのです。

両手に持っていたのは四本のペットボトルの水でした。おそらく無意識のうちにも脱水症状になったら死ぬという思いがあったのでしょう。

思うように体も動かず、足も動きません。数十メートル歩いては倒れ、一〇〇メートル進んでは倒れ、五キロほど過ぎたところで、小さな石につまずいて宙を舞うように転んで顔面から地面に叩きつけられました。もう起き上がる力は残っておりませんでした。

砂を噛《か》む

「とうとう、ここで終わりか。ここで腹を切ることになるのか」

そう覚悟をしかけたそのとき、突然、心に浮かび上がってきた言葉がありました。十九歳の春、修行のために仙台から奈良へ出発する前に母から言われた言葉です。

母は、私の食器をゴミ箱に投げ捨てて、

「もう帰ってくる場所はないと思いなさい。どんなにつらく苦しくても、砂を噛むような思いをしてでも、がんばりぬきなさい」

と言ってくれました。

その砂を噛《か》むような苦しみを自分はまだしたことがないなと思い、目の前にあった砂を舌でなめて噛んでみました。噛めば噛むほどいやな感覚です。

その瞬間に、

「こんなことをしていられない。皆さまのお役に立てるようなお坊さんになろうという大きな夢があるじゃないか!」

と、消えかかっていた情熱がよみがえってきました。

どうにか立ち上がり、水も全部投げ捨てて、歩き出しました。その時点で、いつもより二時間は遅れています。腹痛も高熱も相変わらずです。体はボロボロですが、だんだん気持ちに火がついてきて、歩きはいつの間にか小走りになり、やがて、「ウォーッ!」と大声を上げながら走っている自分がいました。

そのとき、はじめて天に悪態をつきました。

「私に苦しみを与えるならば、もっと与えてください。私は倒れません!」

鬼のような形相で叫びながら、山頂に向かって走って、走って、走り続けました。

ただただ走って山頂に着くと、いつもと変わらない八時三十分でした。そこで、どうやら峠を越えられたようで、それから下痢はだんだん治《おさ》まってきました。

たどり着けば感謝の心ただ一つ

お山の宿坊で千日間ご飯を用意してくれたおじさんや、次の日にお山に持っていくおにぎり二つを用意してくれたおばちゃん、みんなの支えがあってはじめて行ができました。

仙台に残していた母や祖母にもだいぶ心配をかけたと思います。私がお山を歩いている間は、毎日午前零時に起きて、その日一日の私の無事を祈り、お月さまが出ているときには、「どうぞ、足元を照らしてやってください」と、お月さまにお願いをしてくれていたそうです。祖母は、大好きなお茶も断っていたといいます。

そんなみんなの陰ながらの支えがあり、行を続けることができました。振り返ってみればすべて、みなさまのお陰です。これが本当の、お蔭さまです。

日記にはこう書いています。

八八〇日目。苦しみの向こう、悲しみの向こう側には何があるのだろう、と思っていたのだが、そこにあったものは、それは感謝の心ただ一つ。

九年間、一年の三分の一を大自然のお山の中に身をおき、修行に明け暮れました。病気やケガをしても、山を歩く間は病院に行くことも許されません。そういう生活をしていると、生きているのではなく、生かされているのだという気持ちになってきます。朝目覚めたときに、呼吸をしていることにも感謝の心が生まれ、この世に存在しているだけでもありがたいという気持ちになります。

回峰行の終盤にもなると、支えてくださった多くの人たちへの思いも重なり、感謝の気持ちで胸がいっぱいになってきて、やがて、あっという間に九九九日目を終えました。

人生生涯、小僧のこころ

あと一日で満行《まんぎょう》だというその夜、ある不安が頭をよぎりました。

千日回峰行をはじめてから一日として、「今日は行きたくない」と思った日はありません。「行かなければならない」という義務的な気持ちになったこともありませんでした。

ところが突然、「行きたくない」「行かなければならない」という気持ちに明日ならないだろうか、と怖くなったのです。

ふと、修行僧として吉野山に入山させていただいた十九歳の頃の自分を思い出しました。

ただ修行に励み、自分自身を見つめ直して、死ぬまで現役で世界の人たちのお役に立てるようなお坊さんになりたい、と情熱にあふれていた日々。明日で千日回峰行は終わるけれど、心は十九歳の小僧時代と同じじゃないか。作務衣《さむえ》一つで、ほうきとぞうきんを持ち、境内を駆け回っていた自分と何も変わらない。

そう思うとうれしくなり、その原点を忘れたくないと思って、たくさんの色紙に「人生生涯小僧のこころ」と書きました。

その日の日記には、こう書き綴っています。

九九九日目、今の心が今までで一番いいなあ。この心がずっと変わらないといいなあ、体が言うことをきくなら、ずっと歩いていたい。もしこの体に

限界がないなら、今の心のまま永遠に行が続いてほしい。人生生涯小僧でありたい。

千日目は、いつもと同じように目が覚めて装束を整え、いつもと同じ気持ちでお山に行って歩いて帰ってきました。平成十一年（一九九九）九月二日のこと。無事に満行を迎え、大阿闍梨《だいあじゃり》という称号をいただくことになります。

しかし、それよりも、今の心のまま、最後の一息まで「人生生涯小僧のこころ」であるほうが、もっとすばらしいことだと思いました。

第4章

心の針はいつも明るい方向へ

正直者が幸せを手にする

お寺には毎年、修行したい人が集まってきて、修行生活がはじまります。そこで、決められた修行を決められたように行じていきますが、心の部分だけは、それぞれの人がどうとらえるかによって変わってきます。

心の修行は、剪定された盆栽のように、均一に成長していくわけではありません。雑木林のようにさまざまです。その人なりに、自分の個性を活かして、成長していかなければなりません。

修行は長い期間にわたりますので、それぞれの個性も際立ってきます。

人が見ているところだけがんばる人、人が見ていなくてもがんばる人、楽なほうへ楽なほうへと流されて行く人、ずっとさぼっていたのに急に何かやり出した途端に師匠が帰ってきてほめられる人、一所懸命にがんばりすぎて、疲れて一服していたら師匠が帰ってくるという運のない人――と、実にさまざまですが、その人自身がどのような心構えで日々を過ごすかがもっとも重要です。

「正直者は、ばかを見る」という言葉がありますが、正直が一番です。損得勘定すれば、一時的には損をしたように見えるかもしれません。しかし、正直に生きていれば、それが徳を積むことになり、最後には正直者が幸せになるようになっているのです。

ずるがしこくて押しの強い人は、一時は成功しますが、その成功は決して長続きせず、どこかで失速して、寂しい人生を歩んでいる場合が珍しくありません。

正直に生きることは、とてもすばらしいことです。「正直は一生の宝」ということわざもあるように、正直者はまわりの人から信頼を得て真の幸せを手にすると言われています。幸せになりたいなら、まず心を正して、嘘偽りなく生きていかなければなりません。

変わらない人、成長する人、退化する人

お坊さんになるために修行道場に入っても、全然変わらない人、退化する人、成長する人、の三つに分かれます。

お寺では、精一杯努力している修行僧にも、怠惰な者にも、同じように朝・昼・晩とご飯が出てきますし、家賃も無しです。里の行に比べれば、とても甘い環境です。だから、進歩するどころか後退してしまう人もいます。

私の感覚では、手を抜かずに十年やってはじめて、お坊さんの仲間入りができるくらいだと思います。それほど、お坊さんとして一人前になるのはむずかしいものです。

はじめの二年は、もう怒られっぱなしで、ようやく先輩たちと一緒のお経が唱えられるかなという程度。次の二年間で、いろいろなものを習得して、四年くらいになると少し生意気になってきます。私もそうでしたけれど、そこでお師匠さんや先輩たちに徹底的に叩かれます。六年くらいになると、まわりの人が何も言わなくなりますから、今度は自分で自分の悪いところをみつけて正していく修行に励まなくてはなりません。そうして十年経って、ようやく、お坊さんの仲間入りかな、という感じです。

さらに十年間くらいは里でいろいろな人に揉まれ、はじめて一人前のお坊さんに育ってきます。

独り立ちしてご飯を食べていけるまでには、二十年はかかります。

寿司屋の職人さんに聞いても、仏像をつくる仏師さんに聞いても、この時間軸は、みな一緒です。二十年経って、ようやく自分の「型」というものができてきます。時間をかけて地道にやるしか手はありません。たぶん、どんな仕事でもそうではないでしょうか。

私が千日回峰行を終えて三十二歳で仙台に帰ってきたときは、お坊さん歴が十三年くらいでした。千日回峰行という荒行をしたただの人間で、魅力もなければ、人に教義を授ける技術も経験値もありません。まったく世の中の役には立っていませんでした。

でも、そこから手を抜かず、みなさんに迷惑をかけながらも、上を向いてコツコツ歩き続けてきたから、今があるのだと思います。

今日一日を精一杯生きる。それを積み重ねれば、自然と自信はついてくるものです。

「おやすみなさい」の前に、「ああ、今日は精一杯がんばった」と言える。次の日の夜も、「ああ、今日も精一杯がんばった」と言える。そういうふうに、「今日も精一杯がんばった」と言うことができる日が続けば続くほど、自信は着実についてきます。手を抜いたら、自分でわかります。努力は、絶対に裏切りません。

今、効率とか時短とか、すぐに結果を求める傾向がありますが、結果というものは、すぐに出るわけがありません。これを一冊読めば英語が話せる、などという本がたくさん出ていますが、そんなことができるわけがないのです。

とにかく、今日一日を誠実に精一杯生きることです。面倒くさいことを丁寧に、手を抜かずにやっていくしかありません。みんな、それがいやだから、ほかのやり方を探しますが、私はないと思います。愚直に努力し続けるしかないのです。

強い思いは現実化する

お師匠さんは「念ぜば花開く」と、よくおっしゃっていました。強く思っていると、必ず不可能も可能に近くなる、と。「こういう人になりたい」とか「こんな夢がある」と思ったら、それを常に思い描き、あきらめないことです。思いというのはエネルギーですので、思えば思うほど、そのエネルギーに引っ張られて夢は近づきます。

私も、自分のお寺をつくりたいという強い思いがあったから、建立することができました。今も、世界の人たちのお役に立つお坊さんになりたいと念じ続けています。

夢を抱いた瞬間から寝ても覚めても、ずっと思い続けて、忘れないことが大切です。忘れたり、あきらめかけたりしたら、夢は遠のいていきます。

夢を実現するために自分の夢を人に話すといいと言われていますが、それも一理あるかもしれません。

私も夢や希望を口にしていますと、すぐには無理な話であっても、必ず近づいていっているような気がします。

失敗を恐れない

もちろん思っているだけでは夢は実現しません。若い人たちを見ていると、自分の頭で理解して納得しないと一歩を踏み出さない傾向がありますが、とりあえずやってみることです。やってみて、そこからブラッシュアップしていくのが、夢への一番の近道だと思います。

私は、お寺の仕事のほかに講演やラジオのパーソナリティもさせていただいているのですが、もともとは口下手です。最初はうまく話せず、苦労したものです。でも、いただく仕事は、天命として仏さまが与えてくださったものだと考え、下手なりに努力して続けているうちに、だんだんと楽しくなりました。

これは何も私に限った話ではありません。今、自分が与えられた仕事は、神さまや仏さまがやってごらんと与えてくださったものだと思います。

でも、たとえば今勤めている会社では、どうがんばっても自分の力を発揮できないと判断したなら、転職に挑戦するのもいいと思います。現代は終身雇用の時代ではないのでいろいろな選択肢があるでしょう。

たとえば海外の友人たちは、自分がこの会社に合わないと思ったら、タイミングをみて転職し、新しいチャレンジを楽しんでいます。

もちろんですがそうなると、すべては自己責任ですので、自分の評価についてもシビアになってきます。これから優秀なＡＩ（人工知能）が出てくれば、専門的な技術や知識のある人材が求められるようになるでしょう。それに対応した努力も臆することなくポジティブにとらえていけばいいと思います。

そういう緊張感は、誰にあってもいいのではないでしょうか。追い込まれたときこそ、力が湧いてくるものです。

「困難を乗り越えてやるぞ！」

長い人生には、まるで災いが降って湧いたかのように、突然、苦境に立たされることがあります。

この難局をどう乗りきるか。何もしないうちから、「無理です。私にはできません」と拒絶して挑戦しないか、うまくいくかどうかはわからないけれど、「えいっ！」と一歩前に出て、「困難を乗り越えてやるぞ！」という意気で挑んでみるか。

自分がもっているギリギリのところまで、力を出しきるような困難なことに挑戦すると、また一つ自分の世界を広げることになります。心も深まっていくものです。

私はいつも、とりあえず挑戦を楽しんでいました。神さまや仏さまは、自分が乗り越えられないような苦難は絶対に与えません。それもできるかできないかのギリギリの苦難を与えてくださいます。

そして、それを乗り越えたとき、また一つ成長しているのです。まさに「災いを転じて福となす」で、困難を成長の糧としてうまく活用し、幸せに変えてしまうのです。

変なプライドがあって、まわりに笑われないように上手に難局を乗りきろうとすると、緊張します。緊張すると何事もうまくいきません。肩の力を抜いて、「もう、しかたがない。これも神仏が与えてくれた試練だ」と思い、そうなった以上は、下手でも慎んでやらせていただこうと開き直って、精一杯心を込めてやらせていただく。そこに、成長と感動が生まれます。

すべては技術や経験の問題ではなく、そのときの心次第です。心を込めて一つひとつの苦難に向き合い、丁寧に慎みながら生きていくことが、その人を高めていくことにつながっていきます。

「強い自分」でありたいなら

千日回峰行の序盤の日記に、こう書いています。

強くなんかない。ただ強くありたいと願っているだけなんだ。

いろいろなプレッシャーやストレス、さみしさなどがどんどん自分の心を占めてきて、九九パーセント弱気になるときが誰にでもあります。しかし、残りの一パーセントを強くありたいと思うエネルギーで死守するわけです。

前に、強く思い続ければ夢は近づくと言いましたが、心が折れそうになったときは、心の中に「がんばるぞ」という小さな努力の炎を燃やし続けるのです。そうしていると、残りの一パーセントがやがて二になり、三になり、だんだん加速して元気になってきます。そうして暗闇からぐっと突き抜け、明るく生き生きとした自分にもどったということを何度も経験しました。

若い頃は、感情の起伏も激しい時期なので、心身ともに何度もどん底を味わいました。そこで支えになったのは、ただ一つ、「強くありたい」という思いだけでした。

純粋にそして単純にそう願い続けたら、五十歳を過ぎてからどんどん精神が穏やかに楽しくなってきました。最近は、朝起きてから夜寝るまで何をやっていてもずっと楽しい。それと同時に肩の力が抜けたのでしょうか、とても強くしなやかに人生を楽しめるようになりました。

今、こうして本をつくっているのも楽しいし、電車で移動していても楽しいし、仕事をしていても、美味しいものを食べても、ご飯とみそ汁と納豆しかなくても楽しいのです。

気がつくと、自分の弱さに負けそうになることなど、まったくなくなっていました。

あせらず、怠けず、一歩ずつ

人間というのは、少しずつ成長していくものだと思います。一歩ずつの成長でいいのです。

しかし、一歩ずつゆっくり成長すればいいのだからといって、「明日もあるから」とか「今日は忙しかったから、ま、いいか」などと理由をつけて手を抜いていると、せっかくのチャンスも逃してしまいます。

チャンスというものは、ある日突然、どこからともなく誰にでもやってくるものです。普段、私たちはチャンスを望みながらも、なかなかそれをつかみとる準備をしません。肝心なときに力を発揮できず、悔しい思いをしたことがある人は少なくないでしょう。

チャンスをものにするには、しっかりとした日々の積み重ねが必要です。ゆっくりで構いませんが、その日やるべきことは、必ずその日のうちにしなければなりません。できれば万一に備えて、翌日の分を少しやっておくくらいが理想です。

人生には誰にでも必ずチャンスが何度かめぐってきます。

「こんな仕事についてみたい」「ああいうすばらしい人間になりたい」という願いがあるなら、短期間に集中して努力をするのではなく、少しずつ、長い間、努力を続けることが、自分を育てる大事なポイントです。

自分の心を成長させるのはとても時間がかかります。時間が手助けをしてくれていると考えて、あせらないことです。

今日より明日、明日より明後日、とみずからを成長させていく。一日一日、その日、そのときが、すべて自分の成長のためのチャンスです。

失敗したときにこそ飛躍する

私は思い立ったらすぐに行動するので、失敗することが少なくありませんでした。しかし、やってみようと思って前に一歩踏み出して行動するから、道ができます。いつかやろうと思っているうちは、道はできません。だから失敗は折り込みずみで、行動するのです。

そうしますと、数多くの経験を積むことになるので、強くなります。失敗したら失敗した分、強くなりますし、また成長します。ずっと順風満帆でいたなら、突然、失敗するとそこで挫折してしまいかねません。

もちろん、失敗したときはよく反省することです。少なからず、人に迷惑をかけているので、すぐに立ち直って、反省を生かして次には成功し、迷惑をかけた方たちにご恩返しをするぞ、という心構えが必要です。精一杯やっていれば、「ああ、あいつはよくがんばっているな」と認められて、次の仕事をいただけます。

ただし、二度と同じあやまちを繰り返してはいけません。一回目の失敗は成功につながる経験としていいと思いますが、同じことで二回、三回とつまずいていたら成長はありませんし、信用をなくしてしまいます。

負のスパイラルから抜け出すコツ

大きな失敗をしたときに落ち込んでばかりいても現状は変わりませんから、二度と同じあやまちをしないように深く反省して、明るく元気に、その事実を素直に受け止める。これが迷いの世界から抜け出す第一の秘訣です。

そして、第二に絶対に人のせいにはしない、悪口を言わない、不平不満を口にしないことです。

私は、お坊さんとしては優等生ではないと思っています。

お山で修行していた頃、失敗は数えきれないくらいありましたが、なかでも、心に深く刻んでいる出来事があります。

ある年の夏、お師匠さんが護摩を焚いたあとに一息つけるよう、麦茶をずっと用意していました。心を込めてつくって、「冷蔵庫にありますので飲んでください」と。

でも、ひと夏、一度も飲んでいただけませんでした。

「なんで飲んでくれないのかなあ?」とひとりごとを言うと、

食堂のおばちゃんが、

「当たり前や。歳を取ったら冷たいものは飲まんのや」。

ああ、そうなんだと、そこでやっと気づきました。

相手のことを本当に思いやらずに、自分の思いを優先したことが失敗だったのだな、と深く反省しました。

そういう失敗を一つひとつ反省しては、次こそという気持ちで生きてきました。これでもか、これでもか、と努力してもなかなか結果が出なくて、いまだに失敗の連続です。

しかし失敗し挑戦し続けるからこそ、成長するチャンスがあるのです。

弱気になったらリセットしよう

もし弱気になったときは、少し肩の力を抜いて、豊かな時間を過ごしてみるのも一つの方法だと思います。

社会生活を営んでいますと、どうしてもいろいろなプレッシャーやストレスを抱えてしまうものです。抱えたまま走り続けていると、誰でも疲れて当たり前です。そうしたときは一度、ゆっくり休んで気分転換をはかったりして、心をリセットしてみてください。

人間、ゆっくり休むことは必要

人間は老いたり病になったりする肉体をまとっているのですから、体を壊さないように、自分で上手にペース配分をしてコントロールしていかなくてはいけません。

睡眠はとても大切ですので一日八時間眠るように心がけましょう。しっかりと睡眠をとっていると仕事のパフォーマンスも上がり、イライラしなくなるというデータもあります。

また、ちょっと旅行してみるのもいいと思います。とりわけ自然の豊かなところでのんびりするのがいいでしょう。

空気も、光も、水も、すべて私たちを包み込んで支えてくれています。私たちは決して一人ではありません。大自然に抱かれて肩の力が抜けたなら、きっと、なんで自分はあんなちっぽけなことで悩んでいたのだろう、と思えるはずです。

そうして自分をリセットして普通のリズムにもどったら、また挑戦すればいい。
どうしようもなく弱気になったら、とにかく一度、ゆっくり休んでみてください。

私の「人生予報」

千日回峰行でお山を歩いていたとき、ある地点に立つと、翌日からの天気がわかるようになりました。

それは「こういう雲の層のときには三日後に雨が降るな」とか、「この空気の場合には台風がくるな」とか、自分の中に蓄積したデータがあるからです。風の流れ、空気の流れなどで、台風が近畿地方の西側を通るか東側を通るかまで、一〇〇パーセント当てることができました。

同じように、自分の過去の失敗や体験のデータがたくさんありますから、今は、「こういう心構えでいたら」あるいは「こんなことを言っていたら」、運勢が悪くなるとかよくなるとか、というのがすぐにわかります。いわば「人生予報」ができるようになりました。

マイナスをプラスに切り替える

運が悪くなっていく怖さを私は痛いほど知っていますので、ほんのちょっとでもネガティブな考えになったら、すぐに修正します。

たとえば相手から心ない言葉を浴びせられると、心の針がマイナスの方向へピッと動きます。不愉快な気持ちになることは、生きていればよくあることです。思い通りにならない事態にも出くわすでしょう。そのたびに、心の針はマイナスに傾きます。

そこで、「どうしてあの人はこういうことを言うのだろう」と思い続けていると、心が恨みや憎しみのほうへ引っ張られてしまいます。そうなると、だんだん暗い人生になっていきます。

ですから、マイナスに針が振れてしまったら、その瞬間に自分の強い意志の力でもどすのです。自分の意志の力で、心の針を明るい光のある方向へグッともっていくことです。

マイナスからプラスに切り替えるのは、実はとても簡単なことです。なかなかそうできないのは、自分でむずかしくしているからなのです。

マイナスの原因になった相手や事態に執《と》らわれて、ああでもないこうでもないと思い悩むからです。そうしたマイナスの感情は、すべて不要です。すっかり忘れて、捨ててください。

はじめは簡単ではないかもしれません。しかし、自分の気持ちをプラスに向けよう、プラスに向けようと毎日必死でやっていると、だんだんと癖がついてきて、次第に感情の揺れをコントロールできるようになります。

心の針が明るいほうへ向かうと、不思議と運が開け、よきご縁に恵まれるものです。心が明るければ、人生もだんだん明るいほうへ向かいます。

昔、ネガティブなことばかり考えていたときは、ついていないことばかりでした。そういう失敗を何度も経験していると怖くなって、もはやネガティブな感情をもてなくなります。

何事もポジティブにとらえて、すべてのことに感謝の気持ちを忘れず、謙虚に生きていく。そうやって、私はいつも心の針を明るいほうへ、明るいほうへともっていくことにしています。

今、こんなに運がいいのに、わざわざ運を悪くしたくはありませんから。

人生が自然によい方向へいく秘訣

この世には、「決まりごと」のようなものがある気がします。私だけでなくおそらく多くのお坊さんは、必要最小限の生活の中で自己を見つめ、ときには厳しい行を通して、大自然には原理原則があり、一つのシステムがあることに気づくのだと思います。

すべてのものは、原理原則に従って動き、そしてつながっています。たとえば太陽は東から昇って、西へ沈んでいきます。私たちがどうあがいても、それを変えることはできません。そういう摂理の中で私たちは呼吸をし、生かされています。

この尊さ、ありがたさを知り、大自然の法則に従って生きていかなければなりません。常に謙虚な心で、その法則に即して生きていれば、心も穏やかで、人生はよい方向へと展開していきます。


お釈迦さまは、因果律を説かれました。「因果」とは「原因」と「結果」です。どんなことにも必ず原因があり、原因なしに起きる結果は、万に一つもない。幸福も不幸も、自分の運命も、すべては自分の行為が生み出したものであり、「善因《ぜんいん》善果《ぜんか》、悪因悪果《あくいんあっか》、自因自果《じいんじか》」であると教えられました。

「善因善果」とは善い行動は善い結果を生む、「悪因悪果」とは悪い行動は悪い結果を引き起こす、ということです。そして、「自因自果」とは、自分のまいた種の結果は自分に現れるということ。これを「自業自得」とも言います。

人に冷たく、心ない言葉をかければ、回り回って自分に返ってきます。誰にでも分けへだてなく、やさしい言葉をかければ、回り回ってやさしさに包まれた人生になります。

「そんなことをしたらばちが当たるよ」と言われますが、神さまや仏さまは、罰を与えません。天に向かって唾を吐けば、そのまま自分に落ちてくるように、自分の行いや心構えが自分に返ってくるだけのことです。

運は自分で引き寄せるもの

「どう生きていけばいいのだろう」と思い迷っている人が多いかもしれませんが、よい行いをしたらよいことが返ってきて、悪い行いをしたら悪いことが返ってくる、ただ、それだけの道理なのです。

自分の行いが正しければ運気はプラスに向かい、誤っていればマイナスに向かう、それだけの話です。

この法則が分かり、実践すると、不思議なほど良運、良縁がやってきます。トラブルがだんだん少なくなってくるのにも気づきます。

もしマイナスの出来事があったとしても、内面でプラスに転換できれば自然によい方向へ運ばれていきます。仕事も人脈もよいほうに向いていくでしょう。

そのためには、まず信仰心をもち、正しい行いをすることです。

朝起きたら、「今日も一日、無事でありますように」と手を合わせ、よいことをして悪いことをせず、夜寝る前に「今日も一日、ありがとうございました」と感謝をする。これだけでも立派な信仰だと思います。

そして、常に謙虚な姿勢で、感謝と反省、敬意の気持ちをもち続け、いつも明るく笑っていれば、人生は自然と上向きます。

運とは、そうやって自分で引き寄せるものです。

第5章

「老い」「病気」「死」にどう向き合うか

人の一生は「阿《あ》」「吽《うん》」

お寺に行きますと、山門の両脇に、口を開けている仁王さんと口を閉じている仁王さんが立っています。

口を開けている仁王さんは「阿《あ》」、口を閉じている仁王さんは「吽《うん》」を表現しています。

これは、人の一生を表しています。

赤ちゃんは口を大きく開けながら、「おぎゃあ、おぎゃあ」と「阿」という字をもってこの世に生まれます。そして、あの世に旅立つときには、口を閉じて「吽」という字でもって旅立ちます。

実は、「阿吽」の語源は古代インドのサンスクリット語で、「阿」は最初の音、「吽」は最後の音なのです。一般には「阿吽の呼吸」などと言われていますが、万物のはじめと終わりを表しています。

この地球の長い歴史から見れば、私たちの人生は、生と死の間のほんの限られたわずかな時間であると思います。

お母さんのお腹から生まれて、へその緒を切られた瞬間からまるで切り花のごとく私たちはあの世に向かって進んでいます。

限られた時間を明るく前向きに生きる

元気で長生きするのは喜ばしいことです。私もそうありたいと思います。しかし、この世に生まれ、老い、病になって、いずれは死ぬ「生老病死」は、私たちがどう努力しても逃げられない根源的な苦しみです。生きとし生けるもの、すべての「定め」です。

結局、どんなに健康に留意しても、遅かれ早かれ人間は一〇〇パーセント死にます。

ですから、不安になっていくら心配してもしかたありません。なるようにしかならないのです。

死は逃れられないからこそ、限られた時間を明るく前向きに楽しく生きないともったいないと思いませんか?。

足ることを知る

欲を言えばキリがありません。雨露をしのぐ家があり一日三食いただける。それがどんなに恵まれた環境か、私は、お山の修行で身をもって知りました。

物事のとらえ方次第で、人間は幸せにもなれば、不幸にもなります。ご飯とみそ汁が食べられて幸せと思う人がいれば、それしか食べられなくて自分は不幸だ、不幸だと思い続ける人もいます。

もっと欲しいもっと欲しいという人間の欲には、際限がありません。一つのものを手に入れると、また別のものが欲しくなります。しかし、これですべて足りていると思った瞬間から、心が豊かになり、幸せにもなります。すべては心のありようによって決まってくるのです。

前述したように、仏教では、求めても求めても満たされない苦しみを「求不得《ぐふとっ》苦《く》」と言いますが、これを楽にするために「知足」、足ることを知りなさい、という教えがあります。

足ることを知るというのは、与えられた環境をありがたく受け入れるということです。この環境は自分が仏さまから授かったプレゼントだ、と思うことです。

たとえば、自分に与えられた生活が、自分の希望とはかけ離れていたとき、足りないものを求めて、「もっと欲しい、もっとこうであればいいのに、なぜ、これしかないんだ」と苦しみの中へ自分を追いやってしまうと、どんどん卑《いや》しくなっていきます。

この環境は、今の自分に授けられた最高のものなのだと思って、「これだけあるだけでもありがたいです」と感謝の心をもつことができたなら、人生は大きく変わってきます。

「足ることを知る」というのは、心が豊かであるということです。持っているものが少なければ少ないほど、よりよいものが、心の中から湧いてきます。持たざることを知ることによって、人の心は幸せになれるのです。

若いときはなかなかそういう境地にいたりませんが、歳を重ねるにつれて、物欲や金銭欲をうまくコントロールできるようになるのが、人としての成長です。少しずつで構いませんので、今あるもので楽しむという考え方に転換していくといいでしょう。

ちなみに、私はお師匠さんから、

「お坊さんは何か買うなら、のちの代にまで残るもの」

と教わりました。

どうせお金を使うのなら、自分が死んでも残るもの、誰かが受け継げるものを買いなさい、と。

お金は「ご縁の賜物」です。ある程度、余裕があるようでしたら、寄付をするなど世の中に還元する使い方をしてみてはどうでしょう。

どれだけ貯めても、あの世には持っていけません。それなら、生きているうちに困っている人に分けたりして、みんなで楽しんだほうがよいのではないでしょうか。

やさしい気持ちをともなった、生きたお金の使い方をすれば、確実に誰かを喜ばせ、縁は広がっていくでしょう。お金を貯め込んでいるよりも、きっと心豊かな老後になると思います。


もしかするとこれから先、誰もが経験したことのない混迷の時代がくるかもしれません。また、自然環境がとんでもなく変わる可能性もありますが、どんな時代がおとずれても、思いやりの心を忘れず、みんなで力を合わせて世の中を明るくしていくことで、困難を乗り越えていくことを心がけましょう。

病気という人生の行

生老病死の中でも、突然ふりかかってくる病というものは、人生最大の試練であり、苦行と言えるでしょう。私も、病気は一番の勉強になりました。

若い頃は病気の経験がありませんでした。どんな荒行と言われるものでも、体の痛みやケガは、気力と体力でカバーしていました。しかし、五十歳を過ぎてからのことです。思い立って、人生初の健康診断というものをやってみようと検査したところ、とんでもない結果が出たのです。

脳のＭＲＩを撮ったら、左側頭葉の半分以上が壊死《えし》していました。まったく自覚症状はなく、厳しい修行が原因なのか、先天的なものなのかも、はっきりとわかりません。また脳の毛細血管がほぼなくなっていました。たぶん、これは四無行《しむぎょう》で九日間、飲まず食わず寝ず横にならずの修行をしたときに、血液がどろどろになって血管を詰まらせたのではないかということでした。

さらに、血液にも大きな問題があって、血小板や白血球、赤血球の数値がかなり低くて、普通なら歩くことや日常生活もできない、余命一週間くらいのレベルだ、と。それを宣告されたとき、人生ではじめて「病」というものを自分が抱えているのだと自覚しました。

東京の病院から緊急連絡が入り、病状を説明されたときのことは今でも鮮明に覚えています。

二〇一九年三月三十日、長崎での講演を終えて、ちょうど佐賀の宿に着いたときでした。お医者さんから余命一週間くらいの状態だと知らされ、とにかく安静にしてくださいと言われて、電話を切ったあと三十秒余り「どうしようか……」と迷いました。まだ親が生きているし、親より先にあの世に旅立つのは親不孝かな……、と深い深い地の底に落ちました。そのときの落ち込み様は尋常ではありませんでした。

しかし、その数秒後、「ま、しょうがないか」と切り替えました。

すぐポジティブになるのは、もう癖です。ネガティブな感情をもっていたら、何一ついいことがないというのは、これまでの経験で身に染みていましたから。ここは現実を受け入れて楽しもうと、心の針は一ミリもマイナスの方向へ向きませんでした。

人間というのは老化も避けられないし、病も避けられない。それは万人、生きとし生けるものすべての生命体に平等に与えられた宿命だからどうしようもない。ですから、その大自然のルールの中で、試合が終わるまで最善を尽くすしかない、と。

それで翌朝、レンタカーを借り自分で運転して、熊本と福岡の講演もやり遂げました。

病からの気づき

お医者さんにすすめられるまま、しばらくは治療を受けました。週に一度、東京の病院で点滴を三、四本打つという治療です。そうしたらどんどん具合が悪くなって、体力もなくなっていきました。まさに、「五蘊盛苦《ごうんじょうく》」、自分の心身が思うようにならない苦しみです。

それで、自分にとってこの治療は合わないのだろうと思い、お医者さんには「自分の治癒力で治します」と告げて、通院をやめました。もし、自分がこの世に必要なら生かされるでしょうし、そうでなければ、あの世に還るだけのことですから。

治療をやめて、ゆっくり休みましたら、不思議なことにだんだん元気になりました。その後、検査もしていませんし、日常生活に困るようなこともありません。

ただ、一度でも生きるか死ぬかの病を得て、人間にはどんなにがんばろうと思ってもがんばりきれないときや、肉体は自分でコントロールできないときがあることを体験させていただけて、幸せだったと思っています。

それまで数えきれないほどの壮絶なケガは体験しましたが、病気のつらさを経験したことはなかったので、病で大変な思いをしている人の痛みがわかりませんでした。そのために失敗したこともあります。

まだ若くて頻繁に海外へ行っていた頃のことです。帰国して健康施術を受けにいったところで、「また○月○日から海外なんですよ」と話をしていましたら、それを聞いていた男性が「いいですねえ、若いっていうことは。私も昔、よく海外に行きましたけれど、がんになってしまって、もう海外へは行けないんですよ」と言われて、気まずい思いをしました。

「ああ、言わなきゃよかった」と深く反省しました。今なら、そんな失敗はしないでしょう。

実際に自分が病気にならないと、わからないことはたくさんあります。思いがけない病気も人生の修行ととらえて、自分の成長につなげたいものです。

最後のひと息まで人生を楽しむ

お師匠さんは八十二歳で亡くなられました。

いよいよだなという頃に、ご自宅にお見舞いに行きましたら、「酒肉を断たずして、涅槃《ねはん》を得る」と自分で書いた色紙を額に入れて枕元に置かれていました。

お酒や肉を断たなくても、迷いや悩みを離れた悟りの境地に入る、つまり、あの世に行く、というわけです。

体はもうボロボロなのですが、「今日も朝からビール飲んだわ」と笑っていらっしゃいました。

絶対に体には悪いのだけれど、死ぬその瞬間まで人生を楽しむ。最後の最後まで本当に格好いいお師匠さんだな、と思いました。

私も、死ぬ間際まで人生を楽しみたい。

俳人の種田《たねだ》山頭火《さんとうか》がトンボを見て、

「飛べるうちは飛べ、やがて飛べなくなるから」

と詠んだように、飛べるうちは飛び回りたい。命のある限り、人生を思いっきり楽しみたいと思います。

医者に余命を告げられていなくても、みんな余命を宣告されているのと一緒です。毎日が、崖っぷち。いつだって、生と死の瀬戸際です。オギャーと生まれた瞬間に、「あなたはいつか死にます」と死を宣告されているのです。

いつ死がおとずれるかは誰にもわかりません。

だから、いつも明るく楽しく、何事にも執《と》らわれずに生きていきましょう。

死ぬとき後悔しないように何か好きなことに全力で打ち込み、誰かと一緒に楽しい時間を過ごしてください。誰か一人でも心が通い合う人がいれば、つらいとき、苦しいときを乗り越えられます。

そうして生きられるだけ精一杯生きて、楽しい思い出をたくさんつくることです。

そのときがきたら次の旅に出るだけ

「死ぬのが怖いんですが……」と言う人がいますが、私は、昔から、息をしなくなったらあの世に行くだけ、と楽天的な考え方をしています。

そのときがきたら感謝して、

「いよいよですね、それではお世話になりました」

と次の旅に出るだけと思っています。

歳を重ねるにつれて、無駄な欲が削ぎ落とされてきたのでしょう。功績とか実績とか言われるものや、いろいろなものに対する欲もほぼほぼ手放しているのですが、最近たった一つだけ欲が出てきてしまいました。五十半ばになって、「長生きしたい」と思うようになったのです。

なぜかというと、自分でもようやく、いい仕事ができるようになってきて、今、とても楽しいからです。

一緒に仕事をしている人からも「楽しい」と言っていただけますし、これからもどんどんいい仕事をさせていただきたいので、できるだけ長生きしたいと願っています。

理想としては、百歳まで生きたい。あと残り数十年、「老害」などと言われることもなく、楽しんで生きていくことがかなえば、それほど幸せなことはないと思います。

でも、「あなたはここまでです。ここで終わりですよ」と言われたなら、いつでも「はい、わかりました。では、みなさん、お先に失礼いたします」と、心置きなく旅立たせていただくつもりです。

死後の世界はあるか

「死後の世界はあるのか、ないのか」と問われたら、ある確率は五〇パーセント、ない確率は五〇パーセントだと答えます。科学的に立証することはできません。でも、どちらを信じるかというと私は「ある」ほうです。

厳しい修行を体験している最中に、魂が離れかけた瞬間や不思議なものを見たり感じたりした経験が何度もあります。いわゆる「お化け」と言われるものや、「神」や「仏」のような人に話しかけられることは日常茶飯事でした。

また、危機に直面したときに、「こういうときはこのように回避しよう」ということが、なぜか瞬間的にわかりますので、前世で同じような修行をやっていたのではないかという気がしました。今でも、山を歩いていますと、「やっぱり昔、絶対に山を歩いていたな」と思うことがしばしばあります。

人は何度も生まれ変わる

仏教で、「六道輪廻《ろくどうりんね》」という考え方があります。

前述しましたように、仏法の生命観の基本には、迷いと悟りの世界を一〇に分けた「十界《じっかい》」があります。そのうちの迷いの世界、つまり地獄界、餓鬼界、畜生界、修羅界、人間界、天上界の六つの段階「六道」に私たちは何度も生まれ変わっているというものです。

地獄というのは、この中でもっとも苦しみの激しい世界です。餓鬼は飢えと渇きに苦しみ、その世界は嫉妬や欲望が渦巻いています。畜生界は、動物が欲望のままに生きる世界です。弱肉強食なので、常に不安を抱えています。修羅界は、争いごとが絶えず、怒りや苦しみに満ちあふれている世界です。

人間界は、いうまでもなく私たち人間が生きている世界で、苦しみも楽しみもあります。そして、天上界は六道の中でもっとも楽しいことが多く、苦しむことが少ない世界ですが、やはり迷いも悲しみもあって、寿命もあると言われています。

私たちは死後、この六つの世界をぐるぐる回ります。これを「六道輪廻」というのです。

「六道」にいる限り、私たちは苦しみから逃れられません。どうにかして輪廻転生から抜け出さなくてはなりません。抜け出すことを「解脱《げだつ》」と言います。解脱して、六道の上の悟りの世界である「声聞《しょうもん》」「縁覚《えんがく》」「菩薩《ぼさつ》」界から一〇番目の「仏《ぶつ》」界に行くと、もう生まれ変わることはありません。つまり、仏の境地にたどり着くことができれば、修行をするために生まれ変わる必要はもうないのです。

生まれ変わらない仏さまの境地を目指して

前にもふれましたが、六道にもそれぞれ一〇段階あると言われています。

たとえば人間界にも欲深い人やわがままな人もいれば、思いやりのあるやさしい人もいます。

また、同じ人であっても、明るく機嫌のいいときもあれば、イライラしたり計算高くなったり、自分勝手なときもあります。いつもは仏さまのように穏やかな人が、ときに怒ることもあるでしょう。怒るときは、たぶん人間界の中の修羅あるいは地獄にいるのだと思います。

天国も地獄も自分の心がつくっているわけです。そうやって人は日常の中でも、天国と地獄を行ったり来たりしています。

この迷いの世界から抜け出すためには、修行が必要です。

貪欲な人や意地悪な人、思いやりのある人などが渾然一体となって、この世でかかわり合いながら、迷惑をかけ合いながら、修行しているのが人間界です。だから、あらゆるご縁を大切にして、そのめぐり合わせの中で自分の人間性、魂を高めていくために、人生というものがあるのです。

千日回峰行などで自分を厳しく徹底的に見つめ直す場合には、雨の日も、嵐の日も、炎天の日も、一切休むことは許されません。体がボロボロになっても、途中で修行をやめることは許されません。お山に持っていく食べ物も限られていますので、お腹がすいても空腹のまま我慢しなければなりません。

これはまるで、人間の言うことを聞かなければならない家畜が畑に連れていかれ、重い荷物を背負わされても何一つ文句を言わず、酷暑の中でも、寒さの中でも耐えているという畜生道の修行に通じます。どんな環境におかれても、怒りや憎しみの修羅のような心をもたず、ただ、ただ、仏さまのような穏やかな心を養うために行じます。

一緒に暮らしている飼い犬を眺めていますと、ずっと首輪をつけられ、ひもでつながれて、本当に不自由な行をしているな、と思います。動物をふくめ、いろいろな植物や昆虫など、生きとし生けるものすべてがこの世で行をさせていただいていると考えますと、人として生まれてきたことを心から感謝せずにはいられません。

最後の最後まで心を磨く

自分のしたいことをして、本能のおもむくまま自分の我や欲を満たすためにだけ生きていたのでは、心の成長がありません。

よいことをしたらよいことが返ってきますし、悪いことをしたら悪いことが返ってきます。やったことは必ず自分に返ってきますので、あの世とやらに行くまでの間に、少しでもよいことをして心を高めておかないと、今の自分のレベルに見合った世界にしか行けません。

そう思いますと、一日一日をしっかり生きていかなければならないと改めて思います。

一切の見返りを求めずに、常に人が喜ぶようなことを言ったり、行動したりしていると、だんだんと徳が積もっていきます。

肉体は歳を重ねるにつれて衰えますが、心は一生、成長させることができます。せっかく人間として生まれてきたのですから、人生の最後の最後まで、内面を磨いて魂を輝かせたいものです。

第6章

日々初心、今日がすべて

初心を忘れなければ、よい判断ができる

ある方にこんなことを聞かれました。

「命がけの修行をがんばっているときの気持ちは高まっているでしょうけれども、行が終わってからは、気持ちをどうやって高めているのですか」

私は、お山での修行の中で、「人生というものは、自分の考え方や、とらえ方一つで、こんなにも感謝の心に変わるのか」という気づきを得ました。

その思いを、みなさまに伝えさせていただくために、常に心が一定の高いところにあるように、日々の生活を大事にするようにしています。

その心がけは十九歳の小僧生活の頃となんら変わっていません。

「初心忘るべからず」や、「原点にかえる」という言葉があります。当たり前のようによく使われていますが、長い期間になりますと、いつの間にか、つい基本を忘れがちになります。

何もないところから大きな目標に向かって歩みはじめ、夢を実現しようと人一倍、誰にも負けないくらい努力しているときの姿は、人として一番輝いているときです。一番になりたいと思って努力を続けていれば、いつの日か夢はかなうと思います。しかし、一番であり続けるためには、それまで以上に努力し続けなければなりません。一番になると、いろいろなものを手にして、もう今までのように努力をしなくてもいい環境になっています。

そこで、気がつきます。「このままではいけない」「初心にかえろう」「原点にもどろう」と。しかし、その反面、もう昔のような苦労はしたくないとあぐらをかいてしまうかもしれません。誰にでも「怠け癖」があって、ややもすると、努力より怠けるほうに傾いてしまうものです。

「ナンバーワンより、オンリーワンになろう」という言葉もありますが、自分が自分に負けているオンリーワンなど、決して輝くものではありません。常に自分の中にある怠け心に負けず一歩一歩歩み続けている人こそ、この世でたった一人の輝きを放っているオンリーワンだと思うのです。

私は、今も下積みの身であることを肝に銘じています。日々、初心を忘れず、いつも過去最高の自分になりたいと願いつつ、歩を進めていきたいのです。

「謙虚な心」の力は何より強い

すべては一からはじまります。「一」に「止める」と書いて、「正しい」という字になります。「一」は初心を意味し、初心をそこに止めてはじめて、正しい心が生まれます。正しい心であり続けるために、日々初心を忘れてはいけません。

初心には、謙虚さや素直さ、情熱があります。修行にしても仕事にしても、毎日同じことをしていますと、つい慣れが出てしまいますが、いつも新鮮な気持ちと情熱をもち、人生の判断を続け、日常の振る舞い、言葉遣い、心配りを深めていくことが肝心です。

よい判断というのは、みんなが争いなく、まるくおさまるように、できる限り人の迷惑にならないように、そして自分だけに都合のいいようにしない、ということです。日々初心を忘れなければ、いつもよい判断をすることができます。「実るほど、頭を垂れる稲穂かな」と言われるように、人はどんなに偉くなっても、謙虚な心をもっていなければなりません。

一歩ずつ進みながら、みなさまのために何かをさせていただいて、さらなる喜びを感じる。それによって、「さらに一歩先」という心が湧いてきます。生涯その連続です。

基本は日常。人生は常に本番です。

すべての動作は心の表れ

東の空からお天道さまが元気に顔を出すと、一日がはじまります。

朝起きて、顔を洗い、ご飯をいただく。仕事に行く人、学校に行く人、そしてまた家に帰ってきて、お風呂に入り、寝る。そうした当たり前の生活の今日一日を振り返って自己採点してみたら、何点になりますでしょうか。

あのとき、あの人にこんな言葉を放ってしまった、自分がもっと冷静だったら、こんなことにならなかったのに……というようなことが、誰にでも一つや二つはあるのではないでしょうか。

お寺の修行といいますと、みなさまから見ればつらいこと、苦しいことを常々しているように思われますが、そうではありません。折にふれ厳しい行をすることもありますが、日常の修行はむずかしいことはありません。

朝起きて掃除をして、お勤めをして、作務《さむ》をして、ご飯をいただいて、寝るだけのこと。ただそれだけのことですが、この当たり前のことが、なかなか当たり前にできません。ですから、当たり前にできるようになるために、毎日同じことを徹底的に極めていきます。

修行僧には、お寺の作務がたくさんあります。たとえば本堂を清め、お線香を立てたり、お花を活けたりしますが、それらがまっすぐかどうか。玄関の草履が揃っているかどうか。当たり前のことですので、まっすぐにしようとする心があればまっすぐになります。曲がってしまうのは、まっすぐにしようとする心が足りないからです。

すべての動作は心のバロメーターです。立ち方、座り方、歩き方も、みんな心の表れです。

私のお師匠さんは立っていても座っていても、お茶を飲んでいても、非常にお姿の美しい方でした。そして、

「坊さんというのは変わったことをせんでええねん。日常のことを当たり前にしとったらええねん」

とおっしゃっていました。

この日々の生活の、当たり前のことを当たり前にすることが、お寺では「行」、みなさまにとっては「行い」です。これを三年、五年、十年と続けることによって、さまざまな気づきを得ます。

はっと気づいたときに、自分自身の考えを深く掘り下げて、よく反省します。それによって、心はまたさらに一層深まっていきますので、日常のどんなことでもおろそかにはできないのです。

十年続けても、二十年続けても、何も偉いわけではありません。何十年修行しようが、たった一瞬でも人としてやってはいけないことをしてしまえば、愚か者と、人から蔑《さげす》まれることになります。ここに、当たり前のことを当たり前にさせていただく価値があります。

人それぞれの道がありますので、それぞれが与えられた環境の中で、できる範囲で、こうした心構えをもてばよいのです。

独りを慎《つつし》む

私が毎日の生活の中でもっとも気を遣っているのが、一人でいるときの自分の立ち居振る舞いです。周囲に人がいないときこそ、より自分を律するように心がけて、本を読むときもテレビを見るときも寝転がったりせずに姿勢を正して座ります。

陰でダラけてしまいますと、人前に出たときに格好つけることになり、あるがままではいられなくなります。たとえどんなにいい格好をしても、普段の姿勢がにじみ出てしまうものです。たまに講演などでステージの上に立つことがありますし、月に一度の護摩にも日ごろの態度が表れますので、気を抜く暇を仏さまが与えてくださいません。

大変そう、と思われるかもしれませんが、むしろ節度のない生活をダラダラと過ごすよりもストレスがたまりません。また、裏表のない自分に自信がつきます。

自分の姿も日々変化しますので、常に自分を客観的に見て、磨かなくてはなりません。鏡や動画で自分を見たり、空港や駅などの大きなガラス窓に映る自分の姿を見たりして「大丈夫かな？」とチェックしています。

昔、お師匠さんに「独りを慎む」という書をいただきました。「徳のある人は、人が見ていないところで行いを慎むものだ」という意味の言葉です。

自分自身の軸がちゃんとしていれば、常に胸を張っていられます。誰が見ていようが見ていまいが、どんなときも自分自身をしっかりと律して生きていく。このような徳を毎日積んでいくことが、大事だと思うのです。

人生の定めというルール

今ここに、自分が存在しています。一息一息呼吸をしています。今日も朝起きて、顔を洗い、お勤めをして、ご飯をいただきました。そしてまた、日が暮れようとしています。

一日を振り返っただけでも、さまざまなことがありました。いろいろな人との出会いがあり、別れがあり、そのときどきの感情の流れがあります。どう思うか、どう行動するか、一挙手、一投足すべて、自分で自分の人生を刻んでいます。

「過去はすでに捨てられた」

考えてみると、自分の人生がいつはじまったのか、自分では認識していません。母親とへその緒でつながっていたことも記憶にのこっていません。

しかし確実に親から子へ、子から孫へ、時代を受け継ぎ、生命を受け継いでいます。自分はどこから来て、どこへ行くのか……。突き詰めて考えてもわかりません。

お釈迦さまは、「考えても答えの出ない問題は、捨てておきなさい」と言われたそうです。これを「捨置記《しゃちき》」と言います。

また、お経にはこう説かれています。

過去を追うな。未来を願うな。過去はすでに捨てられた。そして未来はまだやってこない。

だから現在のことがらを、それがあるところにおいて観察し、揺らぐことなく、動ずることなく、よく見極めて実践せよ。ただ今日なすべきことを熱心になせ。

過去を憂えても、やり直すことはできません。先はどうなるかわかりません。遠い先のことばかりを考えるのではなく、しっかりと地に足をつけ、人生の定めをまっとうして、やがてあの世に行ったときにはじめて人生の答えが出るのでしょう。大事なのは、一時代を担っている自分が、日々、どう生きて、次世代の人たちに実践で示せるかだと思います。

つらいこと、苦しいこと、悲しいこと、さまざまな迷いを乗り越えていく生き様は、人の心の器を大きくして、体からにじみ出てくる品格になります。

幸せに導く日課

人生において幸せというものは、あれこれ実践してみて感覚でつかむものです。

私はその手立てとして、生活の中で一日一回、お布施をすることをすすめています。布施というのは、物でもお金でも、今それを必要としている人のために心を込めて捧げることです。

金品だけではありません。「愛語施《あいごせ》」といって、出会った人や自分のそばにいる人にやさしい言葉をかけてあげるのも、お布施です。何も言わなくてもニコっとするだけでも「和顔施《わがんせ》」、電車の中で喜んで席をゆずってあげることも「壮座施《そうざせ》」といって、お布施の一つです。

一日一回でも誰かのためにやさしい言葉や笑顔で接したり、あるいは困っている人がいたら助けてあげたりするなど、善行を施す。そして一日一回、自分の心に「もっと欲しい」「これも食べたい」という気持ちが湧いてきたときに、自分を戒めて手を伸ばさず、足ることを知ります。

要するに、相手を思う「利他の心」と、足ることを知る「知足」を一日一回、実践してみる。そして、誰も見ていない陰の部分でも常にきちんとしておけば、前にも言いましたように裏表なく、格好つけずに自然体で人生を歩むことができます。

これを実践してみますと、いずれ「生きていて本当によかった」という感覚に出合えるはずです。

それぞれにちがって、全部正しい

慈眼寺では、師走のはじめになりますと、雪が降り積もる前に、山から木を持ってきて、春まで使う薪をみんなで割ります。

年の暮れの大掃除では、庫裡《くり》の太い梁にはしごで上り、長いほうきを使って、一年の積もり積もった埃をみんなで落とし、一年の行事が終わります。

外はすっかり雪景色。縁側につるしてある干し柿も、山の鳥と取り合いです。雪が降ると、雪かきをするのに、二五馬力のトラクターにバケットをつけた機械と人手を使っても、二時間はかかります。正月を迎え、節分が終わりますと、寒さも少し和らいできます。

三月中旬には、畑にしっかりと肥料を施し、おいしい野菜がたくさんできますようにと願いながら一年の準備をします。春がきて暖かくなってきた頃、「よし」と思ったときに、種をまきます。寒い年もあれば、暖かい年もありますので、種をまく時機は毎年ちがいます。

自分の勘が大切です。早すぎて遅霜にやられると、収穫できなくなったり、たった一日、種をまく日がずれただけで、長雨になり、十日も畑に入れなかったりします。そうしますと、よい野菜ができません。

面白かったのは、畑をはじめた頃、近所のおじさんが様子を見にきて、野菜のつくり方を教えてくれました。「なるほど」と感心して、その通りにやって、しばらくすると、ちがう近所のおじさんが様子を見にきてくれます。

すると、「こんなんでは、だめだぁ」と、ちがうやり方を教えてくれます。次に、近所のおばちゃんがくると、また「こんなんでは、だめだぁ」と言って、帰っていきます。

はじめのうちは、「何が本当なんだろう」と悩みましたが、何年かやっていますと、わかります。全部正しかったんだ、と。

人には、人それぞれのやり方があるのです。これもまた、人生に通じます。

ジャガイモ、ニンジン、キュウリ、トマト、トウモロコシと、なんでもつくりますが、不思議なのは、同じ畑を使っても、誰がつくるかによって味も形もちがうことです。

「薫習《くんじゅう》」を目指す

正しい考えと正しい行動で、と心掛けているにもかかわらず、自分がいる部屋の障子を一つ隔てた隣りの部屋で、自分の悪口を言っているのを耳にすることがあるかもしれません。その相手に対して、どのような態度でいられるでしょうか。

もし相手に恨みや憎しみの心をもってしまったなら、今までの相手に対する正しい心や正しい行いが台無しになり、自分の心の状態も悪くなってしまいます。たとえ何を言われようが、何をされようが、何食わぬ顔で、真心ある態度でもって接することができたとき、心がおさまるべきところにおさまった、と言えるでしょう。

誰でも簡単にすぐできるわけではないと思いますが、日々「そうありたい」「そうなりたい」「そういう心を授かりたい」と思いながら、毎日を感謝と反省、敬意をもって正しく生きていると、気づかないうちに自然体でできていたりします。

お寺に入ったばかりの修行僧は、お香の匂いがしないのですが、毎日朝夕お務めしていると、一年二年経つ頃には、お香の匂いが衣に染みついてきます。これを「薫習《くんじゅう》」と言います。

同じことを繰り返して心の習慣にしますと、時間をかけてお香の香りが衣に自然に移っていくように、いつしか身につき、すがすがしい心境にいたっているのです。

今の自分の心の状態を整えて、感謝と反省、そして相手への敬意によって醸し出されるオーラに包まれていると、むやみに攻撃したり騙そうとしたりする人も、自然と寄りつかなくなるものです。

修養が実を結ぶとき

生まれてはじめてろくろを回し、茶碗をつくったときのことです。実際にろくろを回してみますと、とても簡単にできるものではないことがわかりました。土を練ってろくろでひゅうっと回してみたところ、なかなか上手にいきません。

それどころか、焼き物の先生が横で一所懸命に教えてくださっても、私はへっぴり腰で猫背になり、土は左右対称にならず、すぐにうわんうわんと広がっていき、しまいには形が崩れてしまいました。

どんなに達人と言われている人でも、一番はじめに手をつけたときは初心者です。私たちも何か一つ、「こうなりたい」「ああなりたい」という目標をもったならば、それに向かって三年、五年、十年、二十年と、ぶれずにこつこつと努力をしていれば、やがては達成するでしょう。何事も一日や二日でできるものではありません。

心も植物の種と同じで、今日まいた種が育って明日実がなるかというと、決してそのようなことはありません。

それでも根気よく、丁寧にぼちぼち実践していますと、いつかまわりでどんなことが起きようと、どんなことを言われようと、常に自分の心を曇らせることなく、心のシャッターを閉めることなく、みなと平常心でつき合え、ストレスを感じずに道理・道徳にかなった生き方ができるような「人生の達人」になれます。

何事も、鍛錬をして修養が実を結ぶということです。昔の人は、このことを大切にしていたのではないでしょうか。

心清らかなれば迷いなし

修行の第一歩を踏み出し、悟りに向かって精一杯努力していても、必ず悩むときがあり、苦しむときもあります。修行を一年や二年やっても、まだ右も左もわからない状態です。

道場というところで、仏さまがいて、お師匠さんがいて、修行仲間がいて、という中で五年、十年と実践することにより、だんだんと地に足がついてきます。

「忍の一字は衆妙《しゅうみょう》の門」と言いますが、耐え忍ぶことができても、まだ入口です。

そこからまた、自分なりに試行錯誤を繰り返しながら、ある日、あるとき、「なるほどな」という感覚をつかみますと、もう一人でも伸びていきます。

しかし、そこで自分の心が高みに上り、悟ったと勘違いしてしまって、自分勝手に生きていくと、糸の切れた凧のようになってしまいます。常に、仏さまと自分の心との結び目を解いてはいけません。

とくに、お坊さんは皆さまの悩みや苦しみに対応できる答えを自分で会得しなければなりませんので、生涯、行を怠《おこた》ってはいけません。

実践から叩き上げてこなければ、自分を忘れて人のためにという利他の心など、芽生えてきません。ある期間は徹底的に悩み苦しまなければ、成長はしません。

悩み苦しんでいると、「何がよくて、何が悪いのかが、よくわからなくなってきた」と言う人もいますが、答えはシンプルです。

みんなに喜んでもらえることがよいことであり、人を悲しませることが悪いことである、とシンプルに考えればいいのです。

よいことをして悪いことをしないということは当たり前のことですが、よいことをするのは、私たちがこの世で生きていくうえでの最低限のルールかもしれません。

このルールを守りながら、つらい思いをしたり、また、楽しい思いをしたりしながら、さまざまな勉強をさせていただきつつ、一歩一歩仏さまのような人になれるように、日々の行を実践していきます。

仏さまは、できる、できないを求めてはいないと思います。求められているのは、常に前を向いて歩んでいく情熱です。謙虚な姿勢です。そして心清らかなれば、もうそこに迷いはありません。

掃除一つにも心を込める

心を整えるには、日々を丁寧に生きることが何より大切です。

毎朝決まった時間に起き、規則正しく生活をする。当たり前のことですが、これをきちんと続けるのは意外とむずかしいものです。

私は毎朝五時に起き、朝六時からの勤行《ごんぎょう》を行ったあと、掃除をします。ひと言で掃除といっても、大勢でやるとき、一人でやるとき、時間にゆとりがあるとき、ないときと、さまざまです。

修行時代の仲間には、掃除を熱心にやる人、やらない人、「そこまでしなくてもいいんじゃない」と言う人など、さまざまでしたが、そこで自分が流されれば、自分の行は進みません。

向上心がないと悟りを得られませんから、たとえ同じことの繰り返しでも、漫然とやるのではなく、より早く丁寧に正確にできるように工夫することが必要です。

私は小僧時代から掃除が大好きで、今も「ここがきれいになったら気持ちいいだろうなあ」と思いながら一所懸命にやっています。

何事もそうですが、イヤイヤやっているとどうしても雑になりますし、気持ちがどんよりしてきます。掃除一つでも全力で取り組むぐらいの気持ちで行ったほうが楽しいし、家の中がきれいだと気持ちもすっきりします。

造り酒屋をやっている友だちがいるのですが、酒蔵が驚くほどきれいなので理由をたずねたら、少しでもゴミがあるとお酒に「雑味」が出るそうです。それは、家庭でも一緒ではないかと思います。

日々の仕事をただこなすのではなく、昨日より今日ちょっとでも早く丁寧に正確にできるように知恵を絞ってやってみる。その積み重ねでスキルが伸び、自分の器も少しずつ大きくなっていきます。

最後は、ほほ笑んで阿呆《あほう》になる

お寺の修行は、「一に勤行、二に掃除、三に追従《ついしょう》、四に阿呆《あほう》」と言われます。

三つ目の追従とは相手の喜ぶことをしなさいということです。

そして、最後の阿呆になるというのは、どんなことがあってもすべて忘れきり、捨てきり、許しきり、「自分が」という我を捨てて仏道を極める、ということです。

この仏法の中に、自分が何々をしたいとか、人より偉くなりたいとかいう気持ちが入ったときは、自分の欲がそこにまざってしまいますので、正しい精進ではなくなってしまいます。

筋道が立つものには道が開き、筋道が立たないものには道は開きません。その真理を徹底して貫いていくだけのことです。

私も若い頃は、そんな簡単なことがよくわかりませんでした。一つひとつの出来事を心に問いかけても、わからないことばかりで、心の中の自分がいつも泣いていました。

しかし、歯を食いしばって歩いているうちに、日々の生活の中から一つひとつをきちんとすることにより、いろいろな気づきと出合えました。

若い頃は、若さゆえにどんな苦しみも吹き飛ばすパワーがあります。しかし、歳を重ねるごとに、苦しみを活かす智恵が備わります。人生とは、なんと学びの多いことでしょう。なんとすばらしいことでしょう。

また生まれ変わっても、人としての道を極めたいと思えてなりません。

寄り道、回り道、振り返れば一本道

私は思い立ったらすぐ行動に移すので失敗が多く、寄り道や回り道をずいぶんたくさんしてきましたが、振り返ってみれば、今の私にいたる一本道でした。

若い頃は、右足を出し、左足を出して、右足を出し、左足を出して……と、とにかくがむしゃらに続けていけば前に進むと思っていました。

しかし、それと同時に、常に自重する気持ちも忘れずにいました。一歩一歩、注意深く自重しながら進んでいく。慎重が四九パーセント、前に進むぞという気持ちが五一パーセントです。

人間は百年生きたとしても、三六五〇〇回、朝を迎えれば、あの世に行ってしまいます。しかし、自分が精一杯生きたこの三六五〇〇日という事実だけは残ります。

そう考えますと、日常の「ああもいかない、こうもいかない」という苦しみの正体を自分なりに見極めて、執着を捨てて、許せないものを許しきり、常に心の針を明るい方向へもっていくようにしたほうが、幸せではありませんか。

私は、人生の修行を最後の一息まで、精一杯明るく楽しく生きていきたいと思っています。

もっともっと、という気持ちより、いつもいつも、のびのびと、強くしなやかに耐える。

苦しみが喜びに変わることはありませんが、心のありかた一つで、苦しみかたがまったくちがってきます。苦しみを自己の成長に活かす智恵が備わります。

涙を流して得た心の幸せこそ、人生の喜びです。

そして今、生きる喜びを得て、みなさまに幸あれと祈る日々です。

（了）

日々初心《ひびしょしん》、
今《いま》がすべて

著　者——塩沼亮潤（しおぬま・りょうじゅん）
発行者——押鐘太陽
発行所——株式会社三笠書房
〒102-0072 東京都千代田区飯田橋3-3-1
電話：(03)5226-5734（営業部）
：(03)5226-5731（編集部）
https://www.mikasashobo.co.jp
印　刷——誠宏印刷
製　本——若林製本工場
ISBN978-4-8379-2964-2 C0030